一本书读懂

# 数字货币

DIGITAL CURRENCY

王腾鹤　辛泓睿　黄永彬◎编著

USDT

DC/EP

ETH

PTR

U0337023

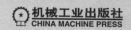

机械工业出版社
CHINA MACHINE PRESS

本书是一本系统介绍数字货币的科普性书籍，通过梳理货币从诞生到发展为数字货币的脉络，让读者真正做到"一本书读懂数字货币"。全书共六章，包括：认识货币、什么是数字货币、匿名币——注重隐私保护的数字货币、稳定币——注重价值稳定的数字货币、央行数字货币——数字化的主权信用货币、全球数字货币体系的发展趋势。

　　本书适合对数字货币感兴趣的广大读者阅读，也适合作为投资者、互联网金融从业者、企业管理者了解数字货币，尤其是央行数字货币的参考读物。

## 图书在版编目（CIP）数据

一本书读懂数字货币 / 王腾鹤，辛泓睿，黄永彬编著. —北京：机械工业出版社，2020.11（2021.3重印）

ISBN 978-7-111-66845-9

Ⅰ．①一… Ⅱ．①王… ②辛… ③黄… Ⅲ．①数字货币-基本知识

Ⅳ．①F713.361.3

中国版本图书馆 CIP 数据核字（2020）第 207345 号

机械工业出版社（北京市百万庄大街 22 号　邮政编码 100037）
策划编辑：王　斌　　责任编辑：王　斌
责任校对：张艳霞　　责任印制：张　博

三河市国英印务有限公司印刷

2021 年 3 月第 1 版·第 2 次印刷
169mm×239mm·14 印张·342 千字
标准书号：ISBN 978-7-111-66845-9
定价：79.00 元

| 电话服务 | 网络服务 |
| --- | --- |
| 客服电话：010-88361066 | 机 工 官 网：www.cmpbook.com |
| 　　　　　010-88379833 | 机 工 官 博：weibo.com/cmp1952 |
| 　　　　　010-68326294 | 金 书 网：www.golden-book.com |
| **封底无防伪标均为盗版** | 机工教育服务网：www.cmpedu.com |

# 前　言

从农耕时代到工业时代再到信息时代，技术进步不断推动人类社会的发展。时代每变革一次，就意味着新的科学技术出现，也必然打破原有的商业边界，任何事物的存在都是时代发展的产物，当时代变革的时候，随着新技术的出现，旧时代的产物要么被无情淘汰，要么脱胎换骨，迎来一次重生。

当下，正值古典互联网时代到价值互联网时代跃迁的历史性阶段。方兴未艾的数字化进程，展现出无与伦比的爆发力和创造力。数字货币作为"价值互联网"的重要基础设施，正在成为技术创新和模式创新的"策源地"。

数字货币是基于密码学技术的一种虚拟支付手段，具有匿名性、去中心化、不可篡改等特征，故也将其称之为加密数字资产。在数字经济迅速发展的大背景下，市场对数字货币未来的前景非常看好，大量的投资机构开始发现数字货币的巨大潜力。特别是随着 Libra、DC/EP 等重量级的数字货币的出现，数字货币将掀起一场由"正规军"入场带来的系统性变革。

我国作为最早研究央行数字货币的国家之一，早在 2014 年，时任中国人民银行行长便提出研发数字货币的想法，中国人民银行也成立了从事法定数字货币研发的官方机构——央行数字货币研究所，开始研究法定数字货币。2017 年年末，经国务院批准，中国人民银行组织部分实力雄厚的商业银行和有关机构共同开展数字人民币体系（DC/EP）的研发。2019 年 11 月 28 日，时任中国人民银行副行长出席"第八届中国支付清算论坛"时表示，法定数字货币 DC/EP 基本完成顶层设计、标准制定、功能研发、联调测试等工作，下一步将合理选择试点验证地区、场景和服务范围，稳妥推进数字化形态法定货币的应用。进入 2020 年，多个商业银行内部正在就央行数字货币落地场景等进行测试，数字人民币研发工作正在稳妥推进。2020 年 8 月 14 日，商务部印发的《全面深化服务贸易创新发展试点总体方案》提出，在京津冀、长三角、粤港澳大湾区及中西部具备条件的试点地区开展数字人民币试点。可以预见，在不久的将来，我国的央行数字货币将会正式亮相。

本书正是在数字货币迅猛发展，日益走近人们生产生活的大背景下酝酿写就的，希望本书能够让更多的读者朋友认识和了解数字货币，通过本书感受数字经济带来的深刻而广泛的变革。

本书共 6 章。第 1 章讲述了货币的基本概念、货币的基本职能、货币的表现形式，以及货币与银行的起源与发展，试图使读者朋友们对货币形成一个更清晰的认识；第 2 章讲述了数字货币的特性、数字货币的分类、数字货币的发展历程，并重点讲述了数字货币的底层技术、数字货币的发行方式及数字货币的流通渠道，试图进一步加深读者对数字货币及其运行机制的理解；第 3 章以比特币为例，详细介绍了以隐私保护为主要特色的数字货币种类——匿名币；第 4 章以 Libra 为例，详细介绍了以价值稳定为主要特色的数字货币种类——稳定币；第 5 章以石油币和 DC/EP 为例，详细介绍了日益受到各国重视和发展的 CBDC——央行数字货币；第 6 章介绍了全球数字货币体系的发展趋势。

本书内容系统全面，深入浅出地介绍数字货币这一新生事物，希望本书的出版能够帮助广大读者了解和认识数字货币。

本书由王腾鹤（微博@区块链逍遥子）、辛泓睿、黄永彬编写，在写作过程中参考了很多朋友分享的资料和知识，无法一一提及，在此一并表示感谢。

编 者

2020.10

# 目　　录

# 第1章
# 认识货币

　　所有人对货币都不陌生，大家都知道，货币就是钱，可以用来买卖东西，货币有很多种类，例如人民币、美元、英镑、日元等；货币可以用来买卖东西，可以保值增值；货币由国家发行，各个国家的货币之间可以兑换，不同货币之间有汇率，有的货币"值钱"，有的货币"不值钱"；货币由专门的造币厂"生产"；无论长幼，估计都知道货币的材质有纸质的纸币，有金属的硬币，还有塑料材质做的（澳元）；或许很多人也知道，金银天然是货币，甚至贝壳、石头、贵金属等许多东西都曾被当作货币，还有不少人估计也知道"数字货币"这么个名词。

　　但货币是怎么产生的？货币的基本职能是什么？货币的发行体系是怎样的？货币有着怎样的发展历史？数字货币是如何产生的？这些问题估计非专业人士就讲不明白了。

　　本书要重点讲解的数字货币，核心之一是数字，核心之二是货币，究其本质就是货币的一种，所以在详细介绍数字货币之前，先为大家重新梳理一下货币的概念。

## 1.1 货币的基本概念

约翰·梅纳德·凯恩斯（如图 1-1 所示）在《货币论》中指出：货币的概念为：**货币是可以承载债务、价格的一般等价物。**

图 1-1 凯恩斯

**扩展阅读：凯恩斯简介**

约翰·梅纳德·凯恩斯（John Maynard Keynes，1883 年 6 月 5 日—1946 年 4 月 21 日），英国经济学家，现代经济学最有影响的经济学家之一，他创立的宏观经济学与弗洛伊德所创的精神分析法，以及爱因斯坦创立的相对论一起并称为 20 世纪人类知识界的三大革命。

1936 年，凯恩斯的代表作《就业、利息和货币通论》（The General Theory of Employment，Interest and Money，简称《通论》）出版，他的另外两部重要的经济理论著作是《论货币改革》（A Tract on Monetary Reform，1923）和《货币论》（A Treatise on Money，1930）。

凯恩斯因开创了经济学的"凯恩斯革命"而称著于世，被后人称为"宏观经济学之父"。

　　货币，就其本质而言，是所有者之间关于交换权的契约，因而不同形式的货币在本质上是统一的。

　　形式上，根据货币的商品价值可分为实物货币和形式货币，实物货币本身是一种特殊的商品，包含价值量，比如牛羊、贵金属等；而形式货币本身没有价值量，它的价值是由契约约定的，只有契约价值，比如纸币。两者形式不同，但是本质上是统一的，即都被约定作为交换媒介，都存在契约价值。货币的购买力通常取决于货币的契约价值，但实物货币的购买力也会受到自身商品价值的影响，通常实物货币的商品价值小于其作为货币的契约价值。大家熟识的货币——黄金、美元如图 1-2 所示。

图 1-2　黄金和美元

　　关于货币的本质，西方货币学说史上曾存在两种不同的观点：一是货币金属论，二是货币名目论。

　　货币金属论是货币金、银本位制的产物，随着 20 世纪初金本位制的崩溃，其影响力正日益减弱。当今占统治地位的是货币名目论，从西方的经济学教科书对货币的定义中可见一斑。美国著名经济学家米什金的《货币金融学》将货币定义为：货币或货币供给是任何在商品或劳务的支付或在偿还债务时被普遍接受的东西。

就其内在商品价值而言，数字货币的自身商品价值几乎为 0，纸币接近于 0，硬币的商品价值略高，金银等贵金属货币的自身商品价值更高。不同形式的货币本质上具有统一性，即货币作为契约的产物，它的交换价值是契约约定的，当市场稳定、信任度高时，人们接受纸币等名目货币，当市场不稳定、信任度低时，人们更倾向于接受金属货币。

## 1.2  货币的基本职能

货币职能，也就是货币能用来做什么，是货币本质的具体体现。在发达的商品经济条件下，货币具有价值尺度、流通手段、贮藏手段、支付手段四大职能。货币的这四大职能是随着商品经济的发展而逐渐形成的。

### 1.2.1  价值尺度

货币的价值尺度职能是指货币用来衡量和表现商品价值的一种职能，也是货币最基本、最重要的职能。

货币作为价值尺度，就是把各种商品的价值都表现为一定的货币量，以使得各种商品的价值在质的方面相同，在量的方面可以比较。各种商品的价值并不是由于有了货币才可以互相比较，而是因为各种商品的价值都是人类劳动的凝结，它们本身才具有相同的质，从而在量上可以比较。

货币产生以后，一切商品的价值都可以由货币来表现，商品价值的大小就表现为货币数量的多少。在商品交换过程中，货币成为一般等价物，它可以表现任何商品的价值，并且作为价值尺度衡量其他商品的价值。

货币在执行价值尺度的职能时，并不需要有现实的货币，只需要观念上的货币。比如，假设 1 辆自行车值 1 克黄金，人们在做这种价值估量的时候，只要在头脑中有黄金的观念就可以了。用来衡量商品价值的货币虽然只是观念上的货币，但是这种观念上的货币仍然要以实在的金属为基础。

货币作为价值尺度的职能，就是根据各种商品的价值大小，把它表现为各种各样的价格。例如，1 头牛值 2 两黄金，在这里 2 两黄金就是 1 头牛的价格。

## 1.2.2 流通手段

在商品交换过程中，商品出售者把商品转化为货币，然后再用货币去购买商品，也就是人们用钱买卖东西的过程。在这个过程中，货币发挥交换媒介的作用，执行流通手段的职能。

货币充当价值尺度的职能是它作为流通手段职能的前提，而货币的流通手段职能是价值尺度职能的进一步发展。

在货币出现以前，商品交换是直接的物物交换。当市场处于物物交换阶段时，交换能否发生取决于交换双方的供给与需求互补性，这种互补性并不总是存在的，可能甲余 A 缺 B，而乙余 B 缺 D，如果只存在甲乙双方，那么交换就无法进行。假定存在丙，他余 D 缺 A，那么在某种约定下，交换就可以在甲、乙、丙三者间以双方交换的形式发生。这个约定就是：乙与丙约定可以用 A 来换取 D，这样他就可以用 B 来和甲交换 A，尽管 A 并不是他最终需要的，它充当了交换媒介的角色。把在这个事例中的角色延伸开来，把甲当作买家，乙当作卖家，丙当作市场，这样 A 就充当了货币的角色，即甲用 A 来向乙购买他所需的 B，而乙则持有 A 并用它来和丙交换 D。

货币出现以后，它在商品交换关系中则起到媒介作用。以货币为媒介的商品交换就是商品流通，它由商品变为货币和由货币变为商品两个过程组成。

商品变为货币即卖的阶段，是商品的第一形态变化。这一阶段很重要，实现也比较困难。因为如果商品卖不出去，不能使原来的商品形态转化为货币形态，则商品的使用价值和价值都不能实现，从而商品所有者就有可能破产。

货币变为商品即买的阶段，是商品的第二形态变化，由于货币是一切商品的一般等价物，如果商品充足，有货币就可以买到商品，这一阶段是比较容易实现的。

由于货币在商品流通中作为交换的媒介执行流通手段的职能，打破了直接物物交换的时间和空间限制，扩大了商品交换的品种、数量和地域范围，从而促进了商品交换和商品生产的发展。

充当流通手段的货币最初是以金或银的条块形状出现的。由于金属条块的成色和重量各不相同，每次买卖都要验成色、称重量，很不方便。随着商品交换的发展，金属条块就被具有一定成色、重量和形状的铸币所代替，铸币的产生使货币能够更好地发挥它作为流通手段的职能。

货币是商品交换发展到一定阶段的自发产物，是固定地充当一般等价物的特殊商品，商品所有者以货币作为媒介进行交换，也就是说货币的本质也是一种商品。

由于货币充当流通手段的职能，使商品的买和卖打破了时间上的限制，一个商品所有者在卖出商品之后，不一定马上就买，也就打破了买和卖空间上的限制，一个商品所有者在卖出商品以后，可以就地购买其他商品，也可以在别的地方购买任何其他商品。这样，就有可能产生买和卖的脱节，一部分商品所有者只卖不买，另一部分商品所有者的商品卖不出去。因此，货币作为流通手段已经孕育着引起经济危机的可能性。

### 1.2.3 贮藏手段

货币作为贮藏手段是指货币在退出流通领域，并且被储存起来充当独立的价值形式和社会财富的一般代表时所行使的一种职能。

货币贮藏手段是随着商品生产和商品流通的发展而不断发展的。

在商品流通的初期，有些人就把多余的产品换成货币保存起来，贮藏有大量金银被看成是富裕的表现。随着商品生产的持续进行，商品生产者要不断地买进生产资料和生活资料，保障商品的生产，但是商品生产者生产和卖出自己的商品要花费时间，并且对于能否将商品卖掉也没有把握，于是往往选择把货币贮藏起来以备不时之需，这就是商品生产者的货币贮藏。

随着商品流通范围的扩展，一切东西都可以用货币来买卖，货币交换扩展到几乎所有领域。货币在质的方面，作为物质财富的一般代表，能直接转化为任何商品，因而是无限的；但在量的方面，每一单位的具体货币的价值又是有限的，只具备有限的购买能力。货币的这种量的有限性和质的无限性之间的矛盾，使得人们都在努力地积累货币。

如同 1.1 节货币的基本概念中所讲，货币分为**实物货币**和**形式货币**。

实物货币以金银货币为典型代表。这种货币自身含有公认的价值量，但它同样是契约的产物，它的商品价值通常小于其作为货币的契约价值，但是由于自身商品价值的存在，它包含双重身份：货币契约和担保物，用于担保的价值即是实物货币本身的商品价值，但一般是非完全担保。这种担保可以给人们提供心理保障和价值保障，当货币的契约价值降低时，现存的商品价值可以支撑并部分弥补损失。实物货币由于存在自身的产量问题，无法满足社会日益扩大的交易规模和物质产出，必将演化成形式货币，即早期学者所言的"债务货币"。

当货币作为贮藏手段时，其可以自发地调节货币流通量，并且起着蓄水池的作用。当市场上的商品流通减少，流通的货币过多时，一部分货币就会退出流通而被贮藏起来；当市场上的商品流通扩大，对货币的需要量增加时，有一部分处于贮藏状态的货币，又会重新进入流通。

关于纸币能否充当贮藏手段的问题，存在着不同的看法。传统的观点是：只有实在的、足值的金属货币，人们才愿意保存它，才能充当贮藏手段。但也有人认为，如果纸币的发行数量不超过商品流通中所需要的金属货币量，纸币就能代表相应的金属量，保持稳定的社会购买力，在这种条件下，纸币也能执行贮藏手段的职能。当然，纸币如果发行量过多，就无法保持它原有的购买力，人们就不愿意保存它。可见，即使纸币能执行贮藏手段的职能，也是有条件的，并且是不稳定的。

## 1.2.4 支付手段

货币作为支付手段是指货币作为独立的价值形式用于清偿债务、缴纳税款、支付工资和租金时所执行的职能。

货币的支付手段职能是适应商品生产和商品交换发展的需要而产生的。

商品交换最初是用现金支付的。但是由于各种商品的生产时间是不同的，有的长些，有的短些，有的还带有季节性。同时，各种商品的销售时间也并不相同，有些商品就地销售，销售时间短，有些商品需要运销外地，销售时间长。生产和销售时间上的差别，使某些商品生产者在自己的商品没有生产出来或尚未销售之前，就需要向其他商品生产者赊购一部分商品。商品的让渡同价格的实现在时间上分离开来，即出现赊购的现象。赊购以后到约定的日期清偿债务时，货币便执行支付手段的职能。货币作为支付手段，开始是由商品的赊购、预付引起的，后来才慢慢扩展到商品流通领域之外。

当货币作为支付手段发挥职能作用时，买者和卖者的关系已经不是简单的买卖关系，而是一种债务债权关系，等价的商品和货币不再在售卖过程的两端同时出现。

此时，商品转化为货币的目的发生了变化。一般商品所有者出卖商品，是为了把商品换成货币，再把货币换回自己所需要的商品；货币贮藏者把商品变为货币，是为了保存价值；而负债者把商品变为货币则是为了还债。

在货币执行流通手段的职能时，出卖自己的商品先于购买别人的商品。当货币执行支付手段职能时，购买别人的商品先于出卖自己的商品。作为流通手段的货币是商品交换中的媒介，而作为支付手段的货币则是交换过程的最终结果。

货币作为支付手段，可以使得形式货币在流通中替代实物货币。简单来讲，随着货币支付系统的快速发展，人们不再需要拿着现金去市场上进行交易，仅仅通过转账便可以完成支付行为，这极大地促进了商品流通的发展。

货币作为支付手段后，商品流通中所需要的货币量可以用公式表示如下。

商品价格总额/同一单位货币的平均流通次数=商品流通中所需要的货币量。

另一方面，在赊买赊卖的情况下，许多商品生产者之间都发生了债权债务关系，如果其中有人到期不能支付，就会引起一系列的连锁反应，"牵一发而动全身"，使整个信用关系遭到破坏。例如，其中某个人在规定期限内没有卖掉自己的商品，他就不能按时偿债，支付链条上某一环节的中断，就可能引起货币信用危机。

当货币作为支付手段后，产生了信用货币，如银行券、期票、汇票、支票等。随着市场经济的发展，信用事业越开展，货币作为支付手段的职能也就越重要。

在商品生产和货币经济发展到一定程度以后，不仅商品流通领域，而且在非商品流通领域也用货币作为支付手段，充当交换价值的独立存在形式。例如，地租、赋税、工资等也用货币来支付。

## ■1.3  货币的起源与发展

介绍了货币的基本概念和基本职能之后，接下来将讲述货币的起源与发展。

### 1. 货币的起源

货币是人类文明史上一个极其重大的发明。它和文字、语言、法律一样，是人类文明成果的标志之一，是促使人类经济生活由原始、单一、封闭，开始走向文明、丰富、开放、繁荣的起点。

货币体系的形成极类似于人类自然语言体系的形成：人们为了克服沟通交流的障碍，选择那些较受欢迎的修辞表达——包括音节、词汇、语句和语法规则，最终形成一个地区普遍接受的语言，其中并不需要任何外力的干预。货币也是如此。在物物交换条件下人们发现这样的做法有利于自身：用自己的某件财货，先去换取一件先前较受欢迎、更为适销的财货，然后再利用这件财货去换取他真正所需要的东西，而不是去寻找另一位刚好需要这件财货，同时又拥有自己所需要财货的人。一开始这么做的可能只有少数人，但随后越来越多的人去这么做，逐渐得到某个区域几乎每个人的效仿，那么这类较为适销的财货就会成为某个区域内通行的交换媒介，于是货币就这样产生了。

一开始，可能有多种区域性货币流通，随着经贸往来地域的扩大，人们发现，有少数特别适销的财货，具备稀缺性、自身价值高，并且质地均匀、容易切割、不易变质、方便携带，就自然而然地去选择这样的财货充当货币，比如说金、银。

货币不一定源于有形的财货，但必然源于具有稀缺性的财货。财货不论是有形还是无形，只要包含稀缺性，就都在一定程度上具备成为交换媒介乃至货币的潜质。

货币诞生之后便成为商品价值的代表，它能够直接同其他一切商品进行交换，并且逐渐成为文明社会的必需品，甚至成为人类财富的象征和载体。

### 2．货币的发展

在经历了数千年迂回曲折、跌宕起伏、波澜壮阔的发展历程之后，人类越来越认识到一个真理——无论人类发展到何种社会阶段，货币始终应当是社会存在、稳定和发展的定海神针。

一个不存在货币的社会是不可想象的。当然，在不同的历史时期，货币所存在的形态和表现的方式并不完全相同。

简单来说，货币表现形式经历了从一般等价物到金属货币（即金、银等贵金属），从金属货币到纸币（信用货币），从纸币再到电子货币的发展过程，这一发展过程如图 1-3 所示。

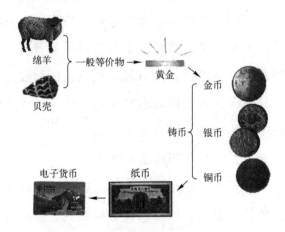

图 1-3　货币表现形式的发展过程

具体而言，人类历史上的货币形态沿革可以分为以下几个阶段。

（1）一般等价物

在人类社会发展初期，物品交易是以物易物的。在这个过程中，人们发现某些物品（比如绵羊）非常受大家欢迎，用绵羊作为媒介更容易换到自己想要的东西，比如李四想用自己种的韭菜换把镰刀，但是卖镰刀的王五不要韭菜，怎么办？李四先把韭菜换成绵羊再用绵羊去找王五换镰刀，这时候绵羊就成了一般等价物，即早期的通货。

在人类社会长期的演化过程中，很多东西都曾经作为一般等价物，贝壳、布匹等在某地稀缺且具有一定使用价值的物资也有在部分地域作为一般等价物的历史。但最后贵金属（比如金、银）由于具备容易携带、价值较高、不易变质、易于分割的特点，而被较为广泛地作为一般等价物。

（2）金属货币

货币是用来衡量其他商品价值的尺码，商品价值有高有低，这种量上的差别应当在货币身上反映出来。金属作为单纯的物质来说，这一块和那一块往往是相同的，并且可以长时间地保持同一性，不受外界环境（如地域）变化的影响。这种质的同一性，就使金属能够成为一个标准的尺码。于是，贵金属，如金、银等开始固定地充当一般等价物，并且逐渐成为实质性的货币，也就是金属货币。金属货币的出现是经济社会发展到一定阶段的产物。

不过，贵金属有纯度和重量的区别，因而每次交易都需要验证纯度和称重，这就严重影响了金属作为货币的流通效率，严重限制了社会经济运行效率的提高。于是，某些具有一定影响力的商人开始在硬币上打上自己的标志，用个人信用来担保金属的分量和材质，后来政府发现铸币有利可图，就垄断了铸币权。

（3）纸质货币（信用货币）

随着商业社会的不断发展，单次交易所蕴含的价值日益增长，慢慢地，金属货币也不再能够满足交易需求，每次出门交易都要背着一大堆硬币确实非常麻烦而且危险。这时出现了钱庄，钱庄通过纸质存单的交易极大地释放了经济活力，在钱庄的基础之上，现代银行业渐渐发育成熟，以主权国家的信用做担保、由中央银行发行、由国家强制力保证流通的纸质货币诞生了，纸质货币就是最典型的信用货币。

（4）法定货币

当纸币产生之后，法定货币实质上就是法律规定的可以流通的纸币，法定货币的价值来自拥有者相信法定货币将来仍然能维持其购买力，其本身并没有内在价值（Intrinsic Value）。

法定货币（Legal Tender/Fiat Money）是指不代表实质商品或货物，发行者亦没有将货币兑现为实物的义务，单纯依靠政府的法令使其成为合法通货的货币。例如，美国的法定货币是美元，由美国联邦储备银行负责具体发行；我国的法定货币是人民币，由中国人民银行负责发行。

在概念上，法定货币与信用货币容易产生混淆。信用货币往往是以纸质凭证为形式的限定货币，其以特定个人或机构的信用作为担保，确保使用者在指定区域内可以使用该限定货币实现市场交换。法币（法定货币）是信用货币中的一种，即主权信用货币，因而所有法币都是信用货币，但是并非所有的信用货币都是法币。

以前，货币本位一直将货币的价值与一种或多种贵金属的价值相联系，法定货币体系的建立意味着货币本位性质的根本改变。法定货币并不代表任何有形的商品，而是由法律作为支撑，要求人们在一切交易中予以接受。即使在金属货币时期，通常也存在以银行券为形式的黄金流通，且数量往往大于真正存在的黄金数量。从效果上看，这些就是法定货币，因为如果所有银行券持有者都同时要求兑换黄金的话，实际的黄金存量将无法满足需求。

随着数字经济的发展，法定货币的数字化是大势所趋。各类法定数字货币（如后续章节将要介绍的央行数字货币 CBDC）将会登上历史舞台。

**扩展阅读：雅浦岛的石币**

密克罗尼西亚联邦是位于西太平洋的一个岛国，全国有 607 个岛屿，岛上充满茂密的森林、沼泽、浅泻湖和红树林。其中有一个岛屿叫作雅浦岛。这个岛屿最让人惊讶的不是这里的自然风景，也不是来自当地穿着传统芙蓉花裙子的姑娘，而是一块块巨大的、在岛上用来当作货币的、铜钱般形状的石头。

数以百计的巨型钱币状石块散布在整个岛屿上，这些钱币一样的石头，正是雅浦岛上流通了几百年的货币。岛上每个村庄甚至都有一个石币银行，在这些银行附近堆满了因为重量过大而无法移动的石币。雅浦岛石币如图 1-4 所示。

图 1-4 雅浦岛石币

　　这些绝无仅有的石头钱币在这里已经使用了好几个世纪了。最初的石头是被雕刻成鲸鱼的形状，并被当作礼物流转，后来这些石头慢慢发展成为了货币，当地人会在石头中间雕刻一个孔洞，使得它们更像是钱币，人们把这些石头称为石币。

　　随着各个岛屿之间贸易的发展和人口的增加，石币从一个小岛流传到另一个小岛，当石币流行起来之后，雅浦岛居民发现他们的岛上石头的储备远远不够日常使用。于是，岛上的男人只能每天乘坐独木舟往返于各岛之间，从其他岛上采石头回岛。

　　回岛后，水手们会将雕刻好的石币捐给酋长，酋长则会召集村民们聚在一起，欢迎水手和石币。酋长会保留较大的石币和五分之二的较小的石币，并且用自己或亲戚的名字给某些石币命名，然后这币石币就可以进入流通领域了。

　　根据历史学家的研究，当地人虽然使用石币购买东西，但是实际当很少把这些石头搬回家，而只是简单地做一下所有权的交割。

　　例如，甲从乙这里买了 10 个椰子，花费了 10 个石币，乙从甲那里买了 5 条鱼，花费了 5 个石币，甲乙双方抵扣掉彼此相欠的部分，甲只需要给乙5个石币即可。当然，最后这5个石币在清算完成后，往往也不会搬走，只需要记清楚了所有权归属就可以了。

这个小岛上没有黄金白银等这些贵金属，他们没法铸造金属货币。在离雅浦岛400公里之外的地方有一个小岛，叫作帕劳岛。这个岛上有一种特别稀罕的石灰岩。雅浦岛的人就把这些石灰岩采集下来。打磨成中间是孔、外面是圆环的形状。

这个岛上有一个大家公认的首富家庭，这个家庭拥有一个超级巨大的石币。但是奇怪的是这个石币并不在他们家里。包括这家人的家人也没见到过。为什么呢？

这家人的祖先出海探险的时候，在当时的帕劳岛上挖掘到一块超级无敌的巨大石灰岩。然后把它运回家。结果在回去的路上碰到了暴风雨，不得不扔掉石币逃命。然后那块石币也就石沉大海了。

在场的所有人都见证了这个过程，替这家人的祖先作证。证明他拥有一个非常罕见的大石币。这就相当于在部落中公开确认了这个人拥有这个石币。

欧洲商人在19世纪末引进金属工具后，采石工作变得更加简单，据当年的报道称，在采石工作最鼎盛时，在岛上的一个采石场就有400个当地人在工作，而那时这个岛的人口总共才7000人。

时至今日，石币已经被美元所代替，用于像杂货店购物这样的日常交易。但对于非实物的交易场景来说，石币仍然是当地居民的重要货币。如今岛上还流转着贝壳做的钱，但是通常50个贝壳钱才能换来1个石币。

石币至今仍然流通，这挑战着西方人固定的货币概念。这些石币按其尺寸估价，它们的直径范围从7厘米到3.6米不等，石币的华丽程度和岩石的坚硬度也决定着其价值。

**扩展阅读：金本位制、布雷顿森林体系与美元霸权**

从 19 世纪开始，黄金在相当长的时期中仍是主流的货币。流通的货币部分采取金币的形式，但货币多数是由代表黄金索取权的纸币所构成。中世纪把黄金委托给金匠的业务是纸币的起源，纸币最初表示为对存放在金匠处的黄金的索取权。就本质来说，纸币就是银行券，在使用价值上类似于支票，不同之处只是它可以从一人之手转移到另一人之手。可以转换为黄金的法定货币被称为金本位制货币体系，在金本位制货币体系之下，多数国家承诺可以按照固定的价格将本国的法定货币兑换为黄金。

第二次世界大战将欧洲拖入了空前的灾难之中，却给美国的崛起带来了一次千载难逢的历史性机遇。二战末期，以英国为首的欧洲各国的金本位制货币体系难以维系，让位于美国一手建立的"布雷顿森林体系"。"布雷顿森林体系"建立之后，黄金不再独立承担货币本位的职能，而是作为美元的附庸，与美元共同承担起名义上的货币本位的职能，这套货币本位体系的核心是美元而非黄金。

所谓"布雷顿森林体系"，是二战之后建立的、以美元为中心的国际货币体系。1944 年 7 月，西方主要国家的代表在联合国国际货币金融会议上确立了该体系，因为此次会议是在美国新罕布什尔州布雷顿森林举行的，所以称之为"布雷顿森林体系"。关贸总协定作为 1944 年布雷顿森林会议的补充，连同布雷顿森林会议通过的各项协定，统称为"布雷顿森林体系"，即以外汇自由化、资本自由化和贸易自由化为主要内容的多边经济制度，构成资本主义集团的核心内容。

在建立这个体系之时，人口和土地仅占世界 6% 的美国，占有西方世界 GDP 总额的 2/3，外贸出口的 1/3，钢冶炼总量的 61%，汽车生产总量的 84%。此外，美国官方的黄金储备超过 2 万吨，占当时全球黄金存量的 59%。

既然美元已经与黄金挂钩，美国又掌控了世界上绝大多数的黄金资源，只要美国愿意，它随时可以切断美元与黄金之间的联系，从而让美元彻底代替黄金成为世界货币。这一天终于在 1971 年到来了，美元自此独自登上了世界货币的宝座。这一年，尼克松宣布停止实行"新经济政策"，停止履行外国政府或中央银行可用美元向美国兑换黄金的义务，"布雷顿森林体系"名存实亡。至此，美国终于完成了废除黄金本位制的最后一个步骤。

实际上，美国至今还是世界上黄金储备最多的国家。如果把美国拥有的 8100 吨黄金，以及由美国实际控制的世界货币基金组织拥有的 3000 吨黄金都算上，美国能够自己控制的黄金总量在 1 万吨以上。

虽然不能说自 1944 年"布雷顿森林体系"建立的那一日起，美元霸权体系就已经诞生。但是，"布雷顿森林体系"的建立已经表明一个国际货币体系新纪元的开始。自此以后，美元便成为自货币诞生以来最强悍的货币，开启了美国和美元称霸世界的大门，世界格局和发展方向也随之发生了巨大的变化。

事实上，对于现代社会来讲，货币越来越成为一种符号，这种符号的价值由货币的发行者掌握。简而言之，发行的美元多了，我们持有的美元就会贬值，同样数额的美元能买的东西就少了，通货膨胀就来了；反之，发行的美元少了，我们持有的美元就相对升值，同样价值的美元能买的东西就多了。如果美元的发行者把握不好美元发行的度，就会出现通货膨胀或者通货紧缩，加剧经济的波动，世界就会变得动荡而复杂。

## 1.4　货币的发行与流通

在介绍完货币的基本概念、基本职能、起源与发展之后，本节将介绍货币的发行与流通。

### 1．M0、M1、M2

一个国家社会上充斥着大量的货币，根据货币的流动性进行区分，货币在现代社会体系被分为以下三个层次。

1）M0（流通中的现金）：指银行体系以外各个单位的库存现金和居民的手持现金之和。

2）M1（狭义货币供应量）：M0+企业、机关、团体、部队、学校等单位在银行的活期存款（机构持有）+信用卡类存款（个人持有）。

3）M2（广义货币供应量）：M1+企业、机关、团体、部队、学校等单位在银行的定期存款+城乡居民个人在银行的各项储蓄存款+证券客户保证金。

### 2．货币的发行

货币的发行是指货币的发行银行向流通界投放的货币数量超过从流通界回笼到发行库的货币数量，按其性质可分为经济发行和财政发行。印发货币的银行通常是一国的中央银行。以我国的法定货币人民币的发行来说，是我国的中央银行——中国人民银行，根据国务院批准的货币发行计划，统一组织和管理。中国人民银行的发行库和各专业银行的业务库共同组成货币发行机构，人民币的发行业务通过发行库和业务库之间的调拨往来进行。

### 3．货币的流通

货币流通是指由商品流通所引起的货币运动形式。它表现为在商品流通过程中，货币作为流通手段和支付手段所形成的连续不断的运动。商品流通是货币流通的前提，货币流通是商品流通的反映，所以货币流通被商品流通所决定、所制约。

当前，我国货币流通的主要渠道有以下三种方式。

第一，中央银行或者其指定的发钞银行收购储备物资而投放货币。历史上，纸币的出现首先是以黄金或白银为本位制的，因此，货币的发行最常见的就是通过收购或者收押黄金或白银实现的，而出售或抵押金银的人再用货币（纸币）对外支付，使得货币在全社会流通起来。这样，金银，特别是黄金就成为全世界最主要的货币储备物。除金银外，不同的国家可能还有其他不同的货币储备物，如解放初期中国曾以粮食、棉花、食盐等战略物资作为货币储备物。而今天，很多国家都将外汇（具有较强流通性的主要国家的货币）作为重要的货币储备物。

第二，中央银行直接对政府提供透支或购买政府债券，或者直接购买企业股票、债券、票据等等。但这种做法受到严格控制，世界各国基本上也都禁止中央银行直接对外融资。

第三，商业银行等贷款类金融机构对政府、企业等非金融机构类筹资人提供的间接融资。其中，最典型的就是商业银行发放的贷款。因为贷款发放尽管可能是建立在存款基础上的，但由于属于间接融资方式，发放贷款时并不与存款人见面并对应地冻结等额存款，即并没有扣减存款人的货币购买力，但却因此增加了借款人的货币购买力，实际上就增加了货币投放和货币总量。只有将贷款收回后，这部分新增的货币才能收回。在当今社会，各国货币投放中，贷款都是最主要的渠道。

# 1.5　银行的起源与发展

银行、保险、证券和其他名目繁多的非银行金融机构组成了现代金融体系，而货币融通则是现代金融体系的核心目标。银行是现代金融体系中的主要组成部分，它的业务范围包含了几乎所有的金融业务，因而认识货币同样需要认识银行。

**1．欧洲近代银行的起源与发展**

近代银行起源于中世纪的欧洲，主要出现在当时欧洲的商业中心——意大利的威尼斯、热那亚等城市。一般认为最早的银行是 1407 年在意大利的威尼斯成立的银行。其后，在阿姆斯特丹、汉堡、伦敦也相继设立了银行。

16 世纪末，银行逐渐在欧洲其他国家兴起，1609 年成立的阿姆斯特丹银行，1619 年成立的汉堡银行和 1621 年成立的纽伦堡银行等都是当时著名的银行。

英语中银行一词"Bank"就是由意大利语的"BanCa"（原意是交易时用的长凳、椅子）演变而来，意思为存放钱的柜子。在我国，之所以称之为"银行"，则与我国经济发展的历史相关。

银行是商品经济发展到一定阶段的产物，它的产生大体上分为三个阶段：第一阶段，出现了货币兑换业和兑换商；第二阶段，增加了货币保管和收付业务，即由货币兑换业演变成货币经营业；第三阶段，货币兑换业兼营货币保管、收付、结算、放贷等业务，这时货币兑换业便发展为银行业。

在 17 世纪，欧洲的一些平民通过经商致富成为有钱的商人。他们为了安全，选择把钱存放在国王的金库里。那个时候还没有纸币，所谓存钱就是指存放黄金。

随着资本主义的萌芽与发展，政府对社会经济生活的干预不断加强，产生了建立中央银行的需求。1668 年，瑞典政府将成立于 1656 年、由私人创办的欧洲第一家发行银行券的银行改组成瑞典国家银行，瑞典国家银行就是世界上最早的中央银行。

1844 年，改组后的英格兰银行被普遍认为是真正意义上的中央银行。英格兰银行于 1833 年取得法定货币发行者的资格，即英格兰银行发行的银行券，由政府赋予无限法偿资格。1844 年，英国通过"英格兰银行条例"，即皮尔法案，英格兰银行获得独占货币发行的权力，成为真正的中央银行。改组后的英格兰银行可以被视为资本主义国家中央银行的鼻祖，也是世界上第一家真正意义上的中央银行。

到了 19 世纪，各资本主义国家相继成立了中央银行。1920 年，布鲁塞尔国际金融会议决定，凡未成立中央银行的国家应尽快成立该国的中央银行，这直接推动了世界上几乎所有国家中央银行的成立，主权银行的地位从此逐渐树立了起来。

20 世纪以来，随着国际贸易和国际金融的迅速发展，在世界各地陆续建立起了一批世界性的或地区性的银行组织，如 1930 年成立的国际清算银行，1945 年成立的国际复兴开发银行（即世界银行），1956 年成立的国际金融公司，1964 年成立的非洲开发银行，1966 年成立的亚洲开发银行，2013 年成立的亚洲基础设施投资银行等，银行在跨越国界和更广泛的领域里发挥作用。

**2. 我国近代银行的起源与发展**

我国的银行业同样也具有悠久的历史。《周礼·地官·泉府》："泉府掌以市之征布、敛市之不售、货之滞于民用者"。"泉府"即办理赊贷业务的机构，也就是说我国在周朝就已经出现原始银行业了。后来我国古代又出现了"飞钱""交子""质库""票号""钱庄"等组织形态，直到清末民初出现了现代意义上的银行。

"飞钱"又称"便换"，是我国历史上早期的汇兑业务形式。主要特征为：一地出钱并取得有关证明，在异地凭证明取得钱款，类似今天的汇票。"飞钱"有官办和私办两种形式。

北宋初年，成都出现了专为携带巨款的商人经营现钱保管业务的"交子铺户"。约公元 1008 年，成都 16 家官商联合用楮树皮纸印刷凭证，上有图案、密码、画押、图章等印记，面额依领用人所交现款临时填写，作为支付凭证流通。存款人把现金交付给铺户，铺户把存款人存放现金的数额临时填写在用楮纸制作的卷面上，再交还存款人，当存款人提取现金时，每 1000 文收手续费 30 文。这种临时填写存款金额的楮纸券便谓之"交子"，又名"楮币"。这时的"交子"只是一种存款和取款凭据，而非货币。

"钱庄"最初业务主要是货币兑换，后逐渐增加存款、放款和汇兑业务。明英宗正统年间，大明宝钞贬值，政府放松用银禁令，银钱公开流通。明末时期，钱庄已经成为一种独立经营的金融组织，不仅经营兑换，还办理放款，原来在两地联号汇兑的会票（即银票），成为钱庄发行有钞票性质的信用流通工具。

钱庄主要起到一个货币保管的作用，一个人随身带着很多的银两到处走动很不方便，可以将银两在某个地方的钱庄存入，在该钱庄所覆盖的范围内的任意钱庄通过会票再取出，这样既方便又安全。不过与现代银行业不同的是，钱庄并不会向客户支付利息，反而是客户需要给钱庄一定的"保管费"。

"票号"又称汇兑庄或票庄，是适应中国古代日益兴盛的远途贸易而产生的一种金融信用机构。最开始，票号主要承揽汇兑业务，后来也进行存放款等业务。在票号诞生之前的远途贸易活动中，常常会采用起镖运送现银的办法进行货币运输，这一运输方式不但费时费力开支大，而且非常不安全。清朝嘉庆、道光年间官吏及商人迫切要求以汇兑取代运现，遂诞生了票号。

山西平遥的日升昌票号是中国第一家专营存款、放款、汇兑业务的私人金融机构。咸丰、同治时期（1851-1874），山西票号几乎独占全国的汇兑业务，成为实力强大的商业金融资本集团，并形成"北号（票号）南庄（钱庄）"的格局。

在山西票号的影响下，从同治年起，江浙人也开始建立票号，如人称"红顶商人"的浙江钱塘人胡光墉（雪岩）在同治二年（1863）建立了阜康票号；江苏洞庭商人严信厚在光绪九年（1883）建立了源丰润票号。时人把江南人开办的票号称为"南帮票号"，但这时的票号仅仅只是民间资金的流动，并未获得官方认可。

在钱庄票号生意迅猛发展的同时，中国现代银行业的萌芽也在香港出现。我国出现的第一家银行是 1845 年在香港成立的丽如银行，即后来的东方银行。此外，1857 年成立的英国麦加利银行（即渣打银行），1865 年成立的英国汇丰银行，1889 年成立的德国德华银行，1894 年成立的法国东方汇理银行都是当时几家主要的外资银行。

在我国，第一次使用银行名称的国内银行是成立于 1897 年 5 月 27 日的"中国通商银行"，最早的国家银行是 1905 年创办的"户部银行"，后又被称为"大清银行"，1911 年辛亥革命后，"大清银行"改组为"中国银行"，一直沿用至今。

"中国通商银行"是李鸿章办洋务运动的得力助手、铁路总监盛宣怀创办的商办银行，该银行被允许发行银圆和银两两种钞票，最高面额为一百元（两）。这种银行券有两面，一面中文，一面英文。中文一面印有"中国通商银行钞票永远通用""认票不认人"字样；英文的一面则有聘请的英籍经理美伦德的签字。中国通商银行的成立标志着我国现代银行的产生。"中国通商银行钞票"如图 1-5 所示。

图 1-5　"中国通商银行钞票"

"户部银行"是经清朝军机大臣奕劻奏请，慈禧太后批准成立的。清政府授予了其铸造银圆、发行纸币和经管国库的权利，成为清末实质上的中央银行。1908 年，"户部银行"更名为"大清银行"。1912 年，历史进入民国时代，"大清银行"也更名为"中国银行"，并继续承担中央银行的职责，直至 1928 年。

在清末和北洋军阀时代，除了官立银行之外，众多私营银行也百花齐放，私营银行以"北四行"和"南三行"为代表，官商合办银行以"小四行"为代表，在 20 世纪 20 年代～30 年代进入快速成长期。

"北四行"是指 1917 年成立的金城银行、1915 年成立的盐业银行、1921 年成立的中南银行和 1919 年成立的大陆银行；"南三行"是指 1915 年成立的上海商业储蓄银行、1907 年成立的浙江兴业银行和 1909 年成立的浙江实业银行，后两家均为清末浙江地方金融力量组建；"小四行"为 1897 年成立的中国通商银行、1908 年成立的四明商业储蓄银行、1919 年成立的中国实业银行和 1929 年成立的中国国货银行，前三家原来均为民族资本经营，后被国民党政府改组和控股，成为官商合办银行。中国国货银行则为国民党政府定都南京之后组建的官商合办银行。

20 世纪 30 年代前期，中国金融业进入第一个繁荣时期，史称"黄金十年"（1928 年至 1937 年）。但繁荣的背后是极度的混乱。当时，市场上多种不同的银两、银圆、铜币和形形色色的纸币并行流通，多家金融机构都发行自己的纸币。1935 年，国民党政府着手实行金融改革，首先是通过增资和颁布《中央银行法》强化中央银行的地位，随后实行"法币政策"，放弃银本位，禁止白银流通，将白银收归国有，规定中央、中国、交通三家银行发行的纸币为法定流通货币，称为"法币"。至此我国才第一次进入了纸币为主的时代。

新中国成立之后，在社会主义改造的浪潮中，"北四行""南三行""小四行"及一些私人钱庄于 1952 年被组合为统一的"公私合营银行"，随后在 1955–1956 年并入中国人民银行储蓄部。

新中国成立以后至今，我国银行业不断发展，形成了以中国人民银行为领导，以 5 大国有商业银行为主，16 家全国性代表银行、14 家股份制商业银行为辅，其他中小城市商业银行、农村商业银行，以及许多非银行金融机构为有效补充，多种金融机构并存的金融体系。在这种体系下，我银行既是发行货币、办理信贷结算业务的经济组织，又是国家调节经济、管理经济的重要机构。

**扩展阅读：我国金融体系的发展沿革（1949—2010）**

1949 年以后，在没收官僚资本银行的基础上，结合各革命根据地的银行，在中国人民银行的领导下，我国将原来的官僚资本银行改组为新的中国银行、交通银行和农业合作银行。之后，又新建和改组了中国人民建设银行、中国农业银行等。

1953 到 1955 年，我国将经过清产核资、调整业务和实行储蓄专业化的公私合营银行的机构和业务并入中国人民银行，从而建立了新的、集中统一的金融体制。

1983 年 9 月，国务院发布了《关于中国人民银行专门行使中央银行职能的决定》，中国人民银行成为国家统一管理金融的机构，其他专业银行成为经济实体。

1978—2005 年间，国内银行业呈现多元化发展，包括：①恢复了中国人民建设银行、中国农业银行、中国银行；②兴办了中国工商银行、交通银行；③向深圳、广东、福建、上海四地政府发放了银行牌照，由当地政府主持创办深圳发展银行（1988）、广东发展银行（1988）、福建兴业银行（1988）、上海浦东发展银行（1993）；④向招商局集团、中信集团、首钢集团、光大集团四家国有企业发放了银行牌照，开办了招商银行（1987）、中信实业银行（1987）、华夏银行（1992）、中国光大银行（1992），打破了银行由政府创办的垄断局面；⑤通过各种形式，陆续建立了中国民生银行（1996）、恒丰银行（2003）、浙商银行（2004）、渤海银行（2005）四家民营股份制商业银行。

1981 年 12 月，为向国外筹集建设资金办理投资信贷，我国成立了中国投资银行（China Investment Bank），中国投资银行总行设在北京，是独立的企业法人，是我国的国家专业银行，按照国家对国有企业的要求，实行独立核算，自负盈亏。

1993 年 12 月 25 日，国务院发布《国务院关于金融体制改革的决定》（以下简称《决定》）及其他文件，提出深化金融改革，将工农中建由专业银行转变成国有商业银行。为此，从四大行中剥离了政策性业务，组建了国家开发银行（1994）、中国进出口银行（1994）、中国农业发展银行（1994）三家专门执行政策性业务的专业银行，即政策性银行。

为解决国有独资银行长期积累的不良资产的问题，国务院于 1999 年先后成立了四家直属国务院的资产管理公司：中国华融资产管理公司、中国长城资产管理公司、中国东方资产管理公司、中国信达资产管理公司，专门对应负责解决中国工商银行、中国农业银行、中国银行、中国建设银行的不良资产问题，为四大银行发展成为大型商业银行奠定了基础。

1994 年 7 月 22 日，根据中国人民银行《关于中国投资银行管理体制改革的批复》，中国投资银行整体划归中国建设银行。

1998 年 12 月 11 日，经中国人民银行批准，中国投资银行主体并入国家开发银行，分支机构并入中国光大银行，中国投资银行从此结束了自己的使命。

2003 年，为了改革当时的银行业监管体制，国务院决定设立中国银行业监督管理委员会。同年 4 月 28 日，中国银监会正式挂牌；12 月 27 日，《银行业监督管理法》颁布。2003 年 10 月，十六届三中全会决议进一步明确，选择有条件的国有商业银行实行股份制改造，加快处置不良资产，充实资本金，创造条件上市。

2003 年 12 月 16 日，中央汇金投资有限责任公司注册成立。

2004 年 1 月 6 日，中央汇金公司拿出 450 亿美元外汇储备（合计 3724.65 亿人民币），对中国银行和中国建设银行进行注资，并引进战略合作伙伴，标志着国有商业银行股份制改革拉开序幕。

2004 年 8 月 24 日，中国银行股份制有限公司正式成立。

2004 年 9 月 21 日，中国建设银行股份有限公司正式对外挂牌，标志着中国银行和中国建设银行的股份制改造已经完成。

2004 年，交通银行通过定向募股方式，补充资本金 191 亿元，其中财政部、汇金公司和社保基金分别投资 50 亿元、30 亿元、100 亿元。交通银行通过财务重组，为建立真正的现代金融公司治理结构积累了经验，奠定了基础。

2005 年 4 月，中央汇金公司又拿出 150 亿美元外汇储备对工商银行注资。2008 年 11 月，中央汇金公司拿出 190 亿美元对农业银行注资。

在成立股份公司之后，在金融监管部门的协调下，国有商业银行开展了引进战略投资者的工作。

作为引进战略投资者的试点，2004 年 8 月，交通银行引进英国汇丰银行（HSBC）作为战略投资者，汇丰银行以每股 1.86 元人民币的价格购入交行 19.9% 的股权，即 77.75 亿股，成为仅次于财政部的交行第二大股东，投资金额达 17.47 亿美元。

2005 年 10 月，华夏银行引进德国德意志银行（Deutsche Bank）作为战略投资者，德意志银行财团（包括德意志银行、德意志银行卢森堡公司和萨尔·奥彭海姆银行）以每股 4.5 元人民币的价格购入华夏银行 13.98% 的股权，即 5.872 亿股，总值 26.424 亿元人民币，德意志银行财团成为华夏银行第一大股东。

2005 年 6 月 17 日，建设银行和美国银行签署了关于战略投资与合作的最终协议。根据协议，美国银行将分阶段对建行进行投资，首期投资 25 亿美元购买汇金公司持有的建行股份，最终持有股权可达到19.9%。2005 年 7 月 1 日，建设银行和新加坡淡马锡公司旗下的全资子公司亚洲金融控股私人有限公司签署了关于战略投资的最终协议，亚洲金融以 14.66 亿美元购入建行 5.1%的股权。

2005 年 8 月，中国银行与英国苏格兰皇家银行、新加坡淡马锡公司，2005 年 9 月与瑞银集团，2005 年 10 月与亚洲开发银行，2006 年3 月与全国社保基金，分别签署新的战略投资者引进协议。苏格兰皇家银行出资总计 31 亿美元购入中国银行 10% 的股权，新加坡淡马锡公司购得中国银行 5% 股份。

2006 年 1 月 27 日，工商银行与高盛投资集团（包括高盛集团、安联集团及美国运通公司）签署了战略投资与合作协议，高盛投资集团出资 37.8 亿美元购买工行新发行的股份，2006 年 4 月 28 日顺利完成资金交割。这笔境外投资是对中国金融业最大的单次投资，约占工商银行股份比例总计的 8.89%。

2009 年，农业银行股份公司成立之后，根据当时国内外资本市场的情况，没有延续前期经验引进境外战略投资者，只引进了几家财务投资者。

在成功改制和引进战略投资者的基础上，国有商业银行随即展开首次公开发行和股票上市工作。

2005 年 6 月 23 日，交通银行 H 股在香港上市。

2005 年 10 月 27 日，建设银行 H 股在香港上市。

2006 年 6 月 1 日，中国银行 H 股在香港上市，7 月 5 日中国银行 A股在上海上市。

　　2006 年 10 月 27 日，工商银行 A+H 股同步上市；2007 年 5 月 15 日，交通银行 A 股在上海上市。

　　2007 年 9 月 25 日，建设银行 A 股在上海上市。

　　2010 年 7 月 15 日和 16 日，农业银行 A 股和 H 股先后在上海证交所和香港联交所成功上市。至此，国有商业银行股份制改革圆满完成。

# 第 2 章
## 什么是数字货币

货币是度量价格的工具、购买货物的媒介、保存财富的手段，是财产的所有者与市场关于交换权的契约，本质上是所有者之间的约定。

最初的以物易物便是去中心化的，但是由于缺乏统一的价值衡量标准，导致商品交易效率极低、供需匹配难度较大，极大地限制了人类的经济活动和贸易范围，因此逐渐被金属货币所代替。

金属货币在货币发展史上经历的时间较为漫长，但其存在天然损耗、缺斤短两、以次充好、劣币驱逐良币等现象。以国家信用作为背书的纸质货币出现后，纸质货币不仅节约了发行成本，也克服了金属货币携带不便等难题，极大地促进了近代历史上的贸易发展，同时也使得中央银行通过货币政策进行宏观调控成为可能。

如果说纸质货币实现了货币从具体物品到抽象符号的一次飞跃，那么建立在区块链、人工智能、云计算和大数据等技术之上的数字货币（Digital Currency）则实现了货币由纸质形态向数字化方向发展的历史性跃迁。

## 2.1　数字货币的概念

数字货币是一种基于数字技术，依托网络传输，以非物理形式存在的价值承载和转移的载体。可以把数字货币简单理解成是一种基于节点网络和加密算法的虚拟货币。

当前，流动性较好且具有一定的保值或增值属性的数字货币有比特币（BTC）、泰达币（USDT）等，我国的央行数字货币 DC/EP 也在多地开始了局部的试点工作。

如今，在互联网浪潮下，数字货币是我们从信息网络时代进入价值网络时代的一个必然选择。同时，包括密码学和网络技术等在内的技术发展，为数字货币的发展提供了重要的技术基础。

## 2.2　数字货币的特性

数字货币具有以下独特的属性。

### 1．数字化

传统的投资品并不具备纯粹的数字属性。房产、股票、债券、商品和基金等，都需要有物理世界的实物或真实承诺作为价值基础，而数字货币本身不拥有任何物理实体，是纯粹的数字世界的产物，只要互联网存在一天，数字货币就能够存在，并且不断发展壮大。

### 2．透明性

跟法定货币不同，数字货币的所有交易都可以被记录下来。比如基于区块链分布式储存机制的数字货币体系从根源上杜绝了假币存在的可能性，每一个数字货币从诞生开始的每一次转手交易都非常清楚地记录在区块链上，不会存在任何"来路不明"的数字货币。数字货币的这一特点为主权国家的反洗钱工作提供了技术支撑。

### 3．全球化

纸质货币普遍具有国界限制和主权属性，但是数字货币自诞生起就在互联网上自由穿行，理论上可以在任何具有互联网的地方使用，因此天然地具有无国界和全球化的属性。

数字货币全球化的意义在于被全球广泛认可的数字货币是可以自由穿梭流通的，任何主体有权利也有能力自主地选择其希望接受的数字货币，而无须因为美国的贸易制裁被迫受制于人。

### 4．高科技

数字货币本身是多学科融合的产物，其技术原理比较复杂，包含了金融学、密码学、分布式网络、共识算法、数字签名、智能合约等多种前沿技术。数字货币的高科技特性为货币防伪提供了技术基础。

## 2.3  数字货币的分类

广义的数字货币等同于电子货币，泛指一切以电子形式存在的货币，如：银联、微信支付、支付宝、拉卡拉等第三方支付平台中的记账货币；Q 币等社交平台内的虚拟货币；BTC、ETH、USDT、BUSD、BNB 等具有广泛认可度的加密数字货币。

狭义上的数字货币则用来特指完全数字化的、基于区块链等技术的电子加密货币，（包括我国央行即将发行的央行数字货币 DC/EP，以及 BTC、ETH、USDT、BUSD、BNB）等各类具有广泛知名度的加密数字货币。

本书当中所讲的数字货币就是狭义数字货币，例如比特币（BTC）这种依靠密码技术来创建、发行和流通的加密数字货币，其特点是运用分布式存储等网络技术来进行货币的发行、管理和流通。

根据数字货币的特点及发行方式，可以把数字货币分成三类：**匿名币（Anonymous Currency）、稳定币（Stable Coin）和央行数字货币（Central Bank Digital Currency）**。在这三类数字货币当中，匿名币和稳定币是由市场化手段进行商业运作的，并不由主权国家的中央银行发行，因而可以归类为非央行发行的数字货币；而央行数字货币则由主权国家中央银行发行并运用国家强制力保障流通，即央行发行的数字货币。与非央行数字货币不同，央行数字货币是主权国家根据自身需求，结合现有技术，以国家信用作为背书的法定货币。

### 2.3.1 匿名币

**匿名币（Anonymous Currency）是在交易过程中能够隐藏交易金额、隐藏发送方与接收方身份的一种特殊的数字货币，是一种使用密码学原理来确保交易安全的交易媒介，又称为密码货币。**

匿名币具备去中心化的特点，其不受个人、公司和银行所控制，并且可以在世界范围内各个数字货币交易平台上自由流通。目前最为知名的匿名币就是基于区块链技术的比特币（比特币 Logo 示意图如图 2-1 所示）。出于普罗大众对于隐私保护的需要，匿名币也一直是数字货币的主要发展方向。

图 2-1　比特币 Logo 的示意图

### 2.3.2　稳定币

稳定币（Stable Coin）是一种拥有稳定价值的数字货币，顾名思义，稳定币是一种不受价格波动影响的加密数字货币，其在价格上是相对稳定的。稳定币与某种稳定资产挂钩，如黄金、欧元、美元等，从而使单位价格的货币代表着一定的购买力。稳定币在拥有比特币一部分特点的同时，又不会像比特币那样暴涨暴跌，这个优点使得稳定币更适合用于价值储藏、充当交换媒介及记账单位。

由瑞士公司 Be Treasury Asset Management 基于区块链技术而发行的与美元 1∶1 锚定的 BUSD 是最为典型的一种稳定币（BUSD的 Logo 如图 2-2 所示）。

图 2-2　BUSD 的 Logo 示意图

在市场中流通的每一枚 BUSD 都有对应的 1 美元资产存放在银行，以"背书资产总量大于 BUSD 总发行量"为铁律，采用独立的第三方会计事务所对资产进行审计并定期将审计结果予以披露。

BUSD 亦是第一个拥有自己独立客户端 APP 的稳定币，支持二维码扫码支付、收款、转账等功能，满足客户对收付款、落地商户消费、线上商城购物、线下各大产业消费、跨境支付、各类区块链交易媒介等应用需求，是由区块链驱动的一种新型的支付方式。

目前，BUSD 已经和众多商户达成了战略合作关系，积极构建并完善其生态系统，未来将为广大用户提供更多的应用场景。

### 2.3.3  央行数字货币

**央行数字货币（CBDC，Central Bank Digital Currency）是央行发行的数字化的主权信用货币，其本质仍然是法定货币。**

英格兰银行（BOE）在 2014 年发布的报告中，明确以分布式账本技术（Distributed Ledger Technology，DLT）作为数字货币的分类标准，一类是加密数字货币，即运用分布式账本技术生成的数字货币，并指出比特币是史上第一种加密数字货币；另一类是非加密数字货币，以瑞波币为典型代表。随后国际清算银行下设的支付和市场基础设施委员会（CPMI）将法定数字货币定义为加密数字货币。

国际清算银行（BIS）提出的"货币之花"模型明确了央行数字货币的概念，即央行数字货币是一种数字形式的中央银行货币，且区别于传统金融机构在中央银行保证金账户和清算账户存放的数字资金。

目前，比较知名的央行数字货币有委内瑞拉的石油币、美联储的 Fedcoin、加拿大央行的 CADcoin、瑞典央行的 eKrona、中国央行的 DC/EP。

## 2.4　数字货币的发展历程

### 2.4.1　数字货币的探索与尝试

数字货币的创新并不在于"数字化"或以电子方式存储账户余额。事实上，早在 1958 年，第一台电子计算机就在美洲银行被用于储蓄业务；20 世纪 60 年代，自动取款机就已经开始代替出纳业务；1973 年成立的"环球同业银行金融电讯协会"（SWIFT）成为全球最大的银行间电子结算网络；20 世纪 80 年代，用户持有银行卡或信用卡就能在计算机系统上完成转账业务，银行账户的电子化操作早已经流行开来。

数字货币的出现旨在满足以下三个需求。

1）快捷方便的零售支付需求。传统金融的高成本使信用卡等支付手段很难完成小额支付，因此数字货币首先要解决的便是零售支付问题——使得商家和客户之间的小额支付更快捷，更高效。

2）对个人隐私保护的需求。当使用信用卡进行线上支付时，消费者需要向亚马逊等电商平台提供信用卡信息，然而由于信用卡与个人信息严格绑定，银行可以通过信用卡追查消费者的所有消费记录，用户隐私得不到保障。

3）去中心化的货币信任机制。20 世纪 30 年代，全球经济危机爆发，金本位制崩溃后，世界各国开始使用信用本位制度，货币供应量不再取决于国家黄金存储量，而是取决于政府针对经济发展而制定的货币政策。为防范经济危机，凯恩斯主义政策盛行并且带来了持续的恶性通货膨胀、政府干预市场等问题。此时，自由主义货币理论和政策兴起，米尔顿·弗里德曼（美国著名经济学家，芝加哥大学教授，芝加哥经济学派领军人物，1976 年诺贝尔经济学奖得主，1951 年约翰·贝茨·克拉克奖得主）强调稳定货币的重要性，提出单一货币规则，并指出，应提高央行独立性以稳定货币供给；而哈耶克（奥地利出生的英国知名经济学家、政治哲学家，1974 年诺贝尔经济学奖得主，被广泛誉为 20 世纪最具影响力的经济学家及社会思想家之一，他坚持自由市场资本主义、自由主义，主要代表作包括《通往奴役之路》《致命的自负》《自由秩序原理》等）则提出更加激进的路线，即放弃法币，实行"货币非国家化"，由私人发行货币，通过竞争形成市场内生的货币体系。

在此背景下，以密码学家为代表的学者们开启了数字货币的创造征程。回首这段历史，通往成功的道路上到处充斥着失败者的尝试。在比特币横空出世之前，无论是数字黄金、密码货币还是以信用卡为基础的、多达上百个的有关数字货币的技术尝试，均以失败而告终。以下通过介绍四种极具代表性的数字货币来回顾这段历史。

比特币之前四种具有时代意义的数字货币如图 2-3 所示，它们分别是 eCash、E-gold、B-money、Bitgold。

图 2-3　比特币之前四种具有时代意义的数字货币

### 1. 1989 年：eCash——人类历史上第一种数字货币

与银行卡或信用卡支付相比，现金虽然具有携带不便等缺点，但现金一个明显的优势在于它的匿名性。使用现金支付时，银行无法获得用户的交易信息，卖家也无法得知消费者的个人信息，这能够很好地保护用户的隐私。

1982 年，大卫·乔姆（David Chaum）最早提出把加密技术运用到现金上的想法，并且发表了一篇名为"盲签名"的开创性论文，这种盲签技术能够支持匿名交易，既保有了现金的匿名性优点，又将现金电子化，从而解决了现金携带的安全问题。

现金电子化的运行模式可以简单地理解为：付款方在付款时，向收款方发送一张包含金额和银行签名的电子卡片，收款方可以凭借该卡片到银行领取相应数额的钱。为了保证该电子卡片的不可复制性，每张卡片上都有唯一的序列号，使用过的序列号将不能重复使用，从而有效地避免了"双重支付"。

#### 扩展阅读：双重支付

双重支付（又称一币多付）是指同一笔钱被使用了两次甚至多次。不同于实物货币如硬币，数字货币本身就是一些代码，所以具有可复制性。即同一个数字货币在理论上是可以被花用两次以上的。所以必须通过某种技术手段确保一个数字货币被花掉后，比如说一个比特币被花掉后就是被花掉了，即从该数字货币的原持有者处移除该持有者拥有的这个被花掉的比特币的状态。

但序列号的唯一性也决定了银行能够将序号和用户一一对应，用户的隐私问题仍然没有解决。大卫的盲签名技术，开创性地解决了这一问题：付款方将序列号使用盲函数转化后发给银行，银行在不知原始序列号的情况下签字，该过程称为"盲签"。

　　银行签名后，将卡片发回给付款方，付款方进行"脱盲"，获得原始序列号，再将具有银行签名和原始序列号的卡片发给收款方，收款方将卡片发回给银行，银行确认签名属实（但不知道是在何时为谁签署的），并将原始序列号记录在案并保证没有被重复记录。然后，银行发送给收款方一张带有新的序列号的卡片，进行新一轮的交易。"盲签"过程如图 2-4 所示。

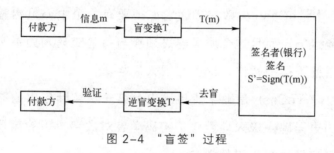

图 2-4　"盲签"过程

　　1989 年，乔姆将数字现金的想法商业化，创立了公司 DigiCash，发明了人类历史上第一种数字货币——eCash。最开始的几年，DigiCash 公司风头正劲，ING 霸菱（ING Barings）和高盛（Goldman Sachs）想在两年内把 DigiCash 带入股市，比尔盖茨计划把 eCash 嵌入到 Windows 95 系统中，网景（Netscape）也来联系过投资，但都因为种种原因被乔姆拒绝。1996 年，信用卡公司 Visa 想投资 4000 万美元寻求合作，但也没有成功。

　　当时，eCash 还曾获得一些银行的青睐，但 eCash 的推广效果却不尽人意，再经历了与花旗银行漫长谈判无果之后，DigiCash 公司的风险投资者纷纷选择撤资。最终，DigiCash 公司在 1998 年宣布破产，具有革命性意义的 eCash 就此终结。

　　eCash 的失败的原因，从表面上看，可以总结出以下两点。

1）公司管理不善。许多员工对公司创始人乔姆的评价都是"过于理想化、顽固和偏执"，DigiCash 公司与微软和 VISA 的擦肩而过直接让 eCash 错过一个时代。

2）匿名交易难以获得银行和监管的支持。eCash 的匿名交易虽然很好地保护了用户的隐私，但银行无法追踪资金的流动，触动了银行的利益，也造成了监管的困难。因此，银行对 eCash 系统的使用并不积极，这直接导致了 eCash 无法触及广大用户。

究其根本，eCash 失败是因为它必须要有一个中心机构管理运行的服务器才能运行，而且这个服务器必须参与每笔交易，如果服务器停止工作，交易就不得不暂停，这存在很大风险。

无论如何，eCash 是数字货币历史上第一次实际应用的尝试，作为一个重要的里程碑，极大地鼓舞了密码学者对数字货币的热情，也为后来者提供了宝贵的经验和教训。

**2. 1996 年：E-gold——第一种进入公众视野的数字货币**

二十世纪末，除了对便捷性和隐私保护的需求之外，部分主权国家政府滥发货币引发了恶性通胀，金本位的呼声再次响起，道格拉斯·杰克逊（Douglas Jackson）就是其中一位坚定的金本位拥护者。

1996 年，道格拉斯·杰克逊创立了名为 E-gold 的支付系统。E-gold 通过 1∶1 锚定黄金的价格并进行 100% 黄金储备，将金本位时代的交易模式电子化。用户可以将 E-gold 与法币兑换，也可以在不同客户间进行 E-gold 的直接划转，简单来说，E-gold 具备一定的支付功能。

E-gold 不需要通过信用卡、银行账户等烦琐的手续流程，就能够快捷、方便、跨地域进行交易，因而在其发布之后很快便得到了迅速发展。

2009 年，E-gold 在 165 个国家拥有 500 万以上个账户，拥有超过 3.5 吨的黄金储备，雅虎、亚马逊等巨头公司都开通了 E-gold 支付交易方式，由此可见其当年的影响力。

在 2000 年-2009 年这十年间，E-gold 迎来了"高光时刻"，类似的"数字黄金"如雨后春笋般涌现。E-Bullion、E-dinar 于 2000 年创立，GoldMoney、1MDC 于 2001 年创立，Pecunix、Crown Gold、Liberty Reserve 于 2002 年创立。可惜好景不长，由于 E-gold 系统的匿名性为东欧黑客洗钱提供了犯罪基础，再加上平台持续遭遇黑客攻击，最终于 2009 年受到政府施加的压力导致破产，其他数字黄金也纷纷步了 E-gold 的后尘。

E-gold 失败的原因，从表面上看，是其匿名交易系统成为犯罪的"温床"。用户注册和使用 E-gold 账户不需要提供真实身份，E-gold 可以在同类账户间自由划转，又可以方便地兑换成各国法币，能够成功避开全球货币清算体系，成为非法资金转移的快捷方式，从而演变成各种犯罪活动的重要工具。比如，在一些贩卖毒品和人口的非法交易中，E-gold 是最受欢迎的支付方式；打着 E-gold 的旗号进行传销诈骗，2007 年这一传销手法还传入中国（至今，E-gold 在百度百科词条中仍然被定义为跨国传销组织）。因此，E-gold 受到了各国监管部门的打压，走向破产之路。

但根本原因其实与 eCash 如出一辙，即它始终需要一个中心化机构来运作，中心机构一旦出了问题，相应的数字货币也即不复存在。

E-gold 就此成为历史，虽然它在技术上与后来出现的密码货币并无关系，但它是第一个进入大众视野的数字货币，它第一次向世人证明了数字货币是有广泛需求的，这极大地启迪和推动了后来的数字货币浪潮。

### 3. 1998 年：B-money——应用分布式储存技术

eCash 和 E-gold 的失败都归结于存在一个中心化的运作机构，开发基于去中心化思想的数字货币的想法由此产生。

1998 年，戴伟（Wei Dai）提出了一个去中心化数字货币的构想——B-money，B-money 首次提出将分布式储存技术应用到数字货币中，明确了分布式记账的概念，即一个由多个具有记账功能的节点共同维护一个特定账本的分布式存储系统。

分布式账本技术（Distributed Ledger Technology，简称 DLT）的基本思想可以理解为一种集体记账方式，即当交易者发起一笔交易时，他会将这笔交易信息广播出来，由全网用户进行记账，以此确保信息真实且不可篡改。

在之前的货币体系中，只有一个中心化的记账人，而在 B-money 中，每个用户都有一份完整的记账副本，资金动向可以从任何一个人的账本上追踪查询。因此，B-money 可以实现去中心化的运营。

分布式记账技术既然是一种分布式存储系统，它必然也面临着一致性问题。然而，B-money 并没有找到合适的共识机制，因此 B-money 面临以下两个核心问题。

1）重复支付。双重花费是数字货币面临的一个重要挑战，其本质即分布式存储系统所面临的一致性问题。因为数字货币在计算机网络中仅仅是一条数据，可以轻易地复制粘贴。在银行系统中，银行工作人员负责核对每一笔账单以确保没有重复支付，在 eCash 系统中也有中心机构验证序列号的非重复性。但在去中心化系统中，由谁来确保用户没有重复支付呢？戴伟也提出了潜在的解决方案，即设置服务器账户专门进行记账，并对服务器账户设计了赏罚制度以防止其作弊，然而其有效性并没有得到证实。

2）货币生成问题。更大的困难在货币创造环节，在没有中心机构的前提下，B-money 由谁发行？货币价值如何度量？根据戴伟的想法，要求所有账户持有者共同决定计算量的成本并就此达成一致意见，以此来获得相应价值的货币，但计算技术发展日新月异，计算量的成本信息难以准确并且及时获得，因此，B-money 没有成为现实。

B-money 虽然没有获得实际应用，但其设计理念及背后的分布式记账技术意义深远，之后众多数字货币都采用分布式记账作为底层技术，包括在《比特币白皮书》中的第一处引注就来自于 B-money 的白皮书。

**4. 2005 年：Bitgold——引入 PoW 共识机制**

2005 年，尼克·萨博（Nick Szabo）提出 Bitgold 设想，引入 PoW 共识机制，以新币奖励作为挖出区块的奖励机制，成功地解决了"账本一致性"和"货币生成"难题。此时，Bitgold 已经非常接近比特币，然而可惜的是尼克·萨博擅长理论研究而并不擅长编程，他虽然试图寻找可以实现自己构想的开发者，但是并没有得到响应，因此 Bitgold 的设想也没有成功落地。

至此，数字货币经历了二十余年的探索，从 eCash 到曾经辉煌一时的 E-gold，再到 B-money 以及 Bitgold，虽然这些尝试最终都功亏一篑，但是这些探索具有极其深远的历史意义，它们加速了货币形态由实物货币向数字货币演进的进程。

### 2.4.2　去中心化数字货币的兴起

2008 年，美国次贷危机诱发的金融海啸引发了世界范围内的金融灾难，许多金融机构都受到了冲击，各国政府的主权信用一度跌到谷底。美国政府向华尔街注入大笔资金，美联储顺势推出"量化宽松"政策，这些操作的本质无非就是通过印发钞票刺激经济，进而导致居民财富大大缩水。

在此背景下，以比特币为代表的去中心化数字货币迅速兴起。

**1. 2008 年-2017 年：匿名币迭代发展**

2008 年 11 月 1 日，一个自称中本聪的人，在密码朋克（Cypherpunk）上贴出了他对数字货币的新设想："我正在开发一种新的电子货币系统，采用完全点对点的形式，而且无须受信第三方的介入"。2009 年 1 月，中本聪发布了比特币的白皮书《一种点对点的电子现金系统》以及开源的第一版比特币客户端，宣告了比特币的诞生，同时也意味着区块链技术的出现。2009 年 1 月 3 日，中本聪挖出了比特币区块链第一个区块，即创世区块，也是第一个比特币。

站在前人的肩膀上，比特币使用区块链技术成功解决了早期探索阶段数字货币存在的几个致命问题。

1）比特币区块链是一个纯分布式的 P2P 网络系统，分布式存储采用 B-money 的分布式记账技术（DLT），极大地提升了比特币系统的抗干扰能力。

2）采用非对称加密技术和密码学中的哈希函数（SHA256 函数）解决了点对点之间交易信息的传输和加密问题。

3）采用 PoW 作为共识机制，比特币区块链系统每隔 10 分钟产生一个新区块，在区块中包含一定量的币基作为奖励，设定特定算法维持比特币供应量的增长。最开始，一个区块可以获得 50 比特币，每增加 21 万个区块后奖励减半，直到 2140 年比特币会完全发放完毕，因此比特币总量=210000×（50+25+12.5+…）=20999999.80≈2100 万个，这一发行机制避免了比特币的通货膨胀。

4）同时，比特币的 PoW 共识机制还降低了 51% 攻击的可能。一方面，基于 PoW 的共识机制使得节点挖出区块的概率与其算力成正比，发动 51% 攻击意味着要掌握 51% 的节点，成本巨大；另一方面，一旦有节点掌握了 51% 的算力，比特币系统必然面临信任危机，相应的币值可能会大幅下降，攻击者能获取的收益远远小于成本。

但是，随着比特币关注度的不断提高，其缺陷也逐渐暴露。

1）交易速度慢。为了避免区块链频繁分叉导致共识机制效率降低，比特币设置了每 10 分钟产生一个区块的机制，这意味着一笔交易确认至少需要 10 分钟。同时，随着比特币使用者越来越多，其转账速度太慢成了令人头疼的问题，比特币的处理速度只有 7 笔/秒，VISA 的处理速度则达到了 2 万笔/秒，淘宝在 2018 年"双十一"并发量的峰值甚至达到了 9 万多笔/秒。

2）交易成本高。在使用 BTC 转账时，矿工（挖矿是通过为比特币网络提供计算服务，进而获取比特币的通俗说法，进行比特币挖矿的人也就被称为"矿工"了）会将收到的广播交易打包在区块里再广播出去，这笔转账交易才算完成。比特币区块的大小只有 1MB，矿工最多打包 1MB 的交易记录，如果转账人数过多，不仅会造成网络拥堵，而且矿工对区块打包的顺序往往根据手续费的多少来决定，这就大幅抬高了手续费（单笔比特币转账的交易费用最高曾达到 55 美元以上）。这其实已经背离了中本聪创建比特币的初衷。

3）通缩倾向。为了防止通货膨胀悲剧的上演，中本聪设置了 2100 万个的比特币发行总量。然而，这也带来了新的问题——通缩。如果比特币作为通用货币，由于总量固定、发行速率既定，比特币无法根据市场的供需变化而调整货币供应量；随着经济发展和财富的增长，以比特币计价的商品价格越来越低，比特币价格越来越高，人们的理性行为就是对比特币进行储藏，这样则会进一步降低比特币的流通规模，使其陷入通货紧缩的恶性循环。

4）安全性问题。比特币的安全性并不是指私人财产的安全性，而是指账本不被篡改的安全性。不论是作为交易媒介、支付手段还是贮藏工具，私人财产的安全性都是持有者们最为关注的问题，但这也是比特币发展的一个瓶颈。比特币一般被储存在移动设备、计算机或在线钱包中，如果移动设备丢失，计算机损坏，比特币也将随之丢失且不可恢复，甚至很多在线钱包也会遭到黑客的攻击或交易平台卷款跑路的风险。比如，曾经最大的比特币交易平台 Mt.Gox 就在 2014 年 3 月遭到黑客攻击，损失了约 75 万余枚比特币，价值高达 3.65 亿美元。

5）隐私泄露问题。比特币因其匿名性而著称，但是用户虽然匿名，节点的信息却是完全公开的，通过 IP 地址、MAC 地址等仍能挖掘出用户的真实身份。虽然有助于监控非法融资或洗钱活动，但也存在着客户隐私泄露的风险。

随着比特币系统交易速度慢、成本高的缺陷逐渐暴露，基于比特币的技术架构进行改造、升级，各种比特币的替代品被开发出来，这些替代品被称之为山寨币（Altcoin）。2011 年至今，全球至少出现了不下 100 种山寨币，如莱特币（Litecoin）、狗狗币（Dogecoin）、达世币（DASH）、门罗币（Monero）、大零币（Zcash）等，其中莱特币（其 Logo 如图 2-5 所示）凭借其场景优势脱颖而出。

2011 年 10 月，美籍华人李启威创建了莱特币，在比特币的基础上，莱特币做了以下三处改进。

图 2-5  莱特币的 Logo 示意图

1）交易确认更快：莱特币网络每 2.5 分钟（比特币是 10 分钟）就可以处理一个区块，因此可以提供更快的交易确认速度。

2）参与门槛更低：莱特币在其工作量证明算法中使用了由 ColinPercival 首次提出的 scrypt 加密算法，这使得相比于比特币（SHA256 函数），在普通计算机上进行莱特币的挖掘更为容易，能够减轻挖矿节点添加新区块时所面临的计算负担。

3）货币总量更多：莱特币提高了货币供应量。比特币的总供应量为 2100 万个，莱特币增加至 8400 万个。

莱特币作为比特币新技术的试验田，在 2016 年迎来了一个拐点，引起了广泛关注。

比特币每个区块的大小被限制在 1MB，能打包的交易量非常有限。隔离见证和闪电网络能够解决比特币交易拥堵的问题。隔离见证的实现形式是先剔除每笔交易的非关键数据，减小体积后再打包到区块中，使得每个区块能容纳的交易条数增加；闪电网络则相当于在主网之外开辟一个子网络先行交易。这两项技术都有望提升交易处理能力，但是理论上可行，不代表不存在分歧，正当比特币社区为扩容方案的路线之争喋喋不休时，莱特币社区执行力却非常迅速，率先于 2017 年 5 月成功在主网激活隔离见证，随后闪电网络也被激活。这两项技术在莱特币上被验证可行之后，都很快被应用在了比特币上。

赋予莱特币流通价值和落地场景，是莱特币区别于其他山寨币，支撑其市值的重要原因。2018 年 2 月，莱特币推出其专属支付系统 LitePay，将莱特币从网络上的加密数字货币带入现实世界。通过 LitePay，企业可在世界任何地方接受莱特币支付。即便 LitePay 在一个月后就停止了运营，但仍有 4500 余家商户接受莱特币支付。2019 年 1 月，鲍勃摩尔汽车集团的俄克拉荷马城经销处开始支持客户用莱特币支付购买汽车。2019 年 2 月，莱特币又宣布和移动加密支付应用 Spend 确定合作关系，增加莱特币支付的应用场景。凭借比 BTC 更好的交易体验以及较为广泛的应用场景，莱特币从众多的山寨币中脱颖而出。

虽然各种山寨币在比特币的基础上修修补补，但都没有从根本上解决比特币及其区块链系统"功能单一"的缺陷。区块链技术可以传输、记录和储存的信息远不止数字货币的交易信息，事实上除了数字货币的交易信息，还有很多类型的信息可以通过区块链存储，还有很多点对点的场景可以通过区块链拓展。因此，区块链 2.0、区块链 3.0 的概念也随之产生，其核心理念是不仅仅把区块链作为一个去中心化的数字货币支付平台，而是通过增加链上的拓展性功能建立各种去中心化的商业模式。

（1）以太坊：区块链 2.0——智能合约

比特币系统功能单一，扩展性不足。比特币区块链中只有一种符号——比特币，用户无法自定义另外的符号，比如股票或债务凭证等。

另外，比特币区块链协议里使用了一套基于堆栈的脚本语言，这种语言虽然具有一定的灵活性，使得像多重签名这样的功能得以实现，然而却不足以构建更高级的应用，例如运行小程序。

2014 年 7 月，维塔利克·布特林（Vitalik Buterin）发布了以太坊，以太坊设计之初就是为了解决比特币扩展性不足问题。以太坊的发展目标是要建立一个开源、开放的智能合约平台供开发者使用，所有的开发者都可以根据自身需要在以太坊上建立自己的应用以及发行代币，自行开发不限场景的非中心化应用（DAPP）。简单来讲，比特币系统是一套分布式的数据库，而以太坊则更进一步，是一台分布式计算机。

通过智能合约的设计开发，以太坊可以实现各种商业与非商业环境下的复杂逻辑，如众筹系统、数字货币、融资租赁资产管理、多重签名的安全账户、供应链的追踪监控等。当然，以太坊并非免费使用，计算、储存和运行程序都需要支付一定费用，因此以太坊系统也需要一种可在其体系内流通的价值载体——以太币。

为了获得以太坊的开发资金，维塔利克采用了众筹模式，自 2014 年 7 月 24 日起，以太坊进行了为期 42 天的以太币预售（以比特币支付），最后共募集了 31531 个比特币，按当时的比特币价格计算，这批资金约合 1843 万美元，对应售出 60102216 个以太币。2015 年 7 月，以太坊的首个版本正式上线，预挖的 7200 枚以太币被分给众筹参与者，当月月底，以太币开始在多家交易所上线并进行交易。

2015 年 11 月 19 日，以太坊向社区提议了一个用以太坊区块链智能合约发行可互换通证（Fungible Token）的方案，即 ERC20 标准。借助全球分布运行的以太坊系统和 ERC20 标准，任何人都可以在以太坊上很简单地编写一个智能合约，创建表示价值的通证，在十几分钟内花费几十美元制作和发行一种代币。

2017 年初，以摩根大通、芝加哥交易所集团、纽约梅隆银行、汤森路透、微软、英特尔、埃森哲等 20 多家全球顶尖的金融机构和科技公司成立了企业以太坊联盟。而以太坊催生的加密数字货币以太币也成为继比特币之后倍受追捧的数字资产。

2017 年，ICO 爆发式增长，许多密码货币和区块链项目通过以太坊发行 ERC20 标准的通证进行筹资（基于以太坊 ERC20 标准已经发行了 10 万多种代币）。2017 年末，一个基于以太坊平台的养猫游戏 CryptoKitties（由设计工作室 AxiomZen 打造），上线不到 10 天就一跃成为以太坊上交易量最高的 DAPP，一只虚拟的电子猫在市场上最高标价是 340 万美元。这款有趣的区块链游戏虽然带来了乐趣，却也对以太坊网络造成巨大压力，使其交易长期处于拥堵状态。

事实上，在区块链网络上的每一笔区块链交易都需要网络所有节点去处理，这就限制了在同一时间能够进行的计算量，这一结果说明以太坊并没有彻底解决比特币的可扩展性问题。

（2）EOS：区块链 3.0——应用

比特币功能单一，主打记账功能；以太坊在比特币的基础上实现了应用程序的可编辑和可运行，加入了"智能合约"功能，但其局限性也非常明显。以太坊网络的吞吐量有限，以太坊网络经常拥堵，转账常常需要很长时间才能被网络确认；以太坊可拓展性不足，不能支撑大量或更高级的程序运行。

2017 年 6 月，EOS 发布了第一版白皮书，相对于以太坊，EOS 主打高性能。

1）EOS 网络吞吐量可以达到每秒 4000 次，转账速度远大于以太坊，基本可以实现"秒到账"。

2）EOS 的拓展性更胜一筹，可以在 EOS 系统中开发更多不同功能的小程序。打个比方：比特币就像当年的大哥大，只有打电话的功能；以太坊就像小灵通手机，除打电话外，还可以运行俄罗斯方块等小游戏；而 EOS 就像智能手机，除了打电话、运行小游戏之外，还具有上网、发电子邮件等功能。因此，EOS 类似区块链中的操作系统，使得更多的开发者能够基于 EOS 平台快速方便地构建 DAPP。EOS 代币的 Logo 如图 2-6 所示。

图 2-6　EOS 代币的 Logo 示意图

2017 年 7 月 2 日，EOS 基于以太坊 ERC20 标准发行了 10 亿枚代币，EOS 初创公司 Block.one 在长达一年的 ICO 众筹中，共募集到了 720 万个以太币，融资规模达 42 亿美元。EOS 共计发行 10 亿枚 EOS 币，其中 ICO 发行量为 9 亿枚，Block.one 开发团队拥有 1 亿枚。EOS 自发行以来发展迅速，目前的 EOS 约为 4 美元一枚，流通市值约 40 亿美元。EOS 代币如图 2-7 所示。

（3）BNB：区块链 4.0——生态

2017 年 7 月，币安（Binance，当时全球最大的数字货币交易所）发行了平台币 BNB（BNB 的 Logo 如图 2-7 所示），当时大多数人并不看好 BNB，以至于在开通交易当天 BNB 甚至跌破发行价。但仅仅过了半年时间，BNB 就暴涨成为数字货币交易所平台币板块的龙头。

图 2-7　BNB 的 Logo 示意图

BNB 最初的应用场景只是在手续费和上币费上，而其价格上涨的动力来源则是收入回购，每个季度币安将平台利润的 20% 用于 BNB 的回购销毁，直到销毁至总量为 1 亿个 BNB。在币值不断增长的同时，BNB 也逐渐由一个单纯的 ERC20 版本的原生通证发展为独立的公链，并且在生态建设上不断丰富完善。

2020 年 4 月 27 日，币安矿池上线之后币安生态完成闭环，而 BNB 在这个闭环中扮演了重要的角色，币安矿池将围绕矿机、矿场等衍生产品开展一系列深度的金融服务，而这些服务都将扩大 BNB 的应用场景，也为 BNB 的价值拓展带来了巨大的想象空间。

**2．2014 年—2019 年：稳定币日益成熟**

随着区块链进入 2.0、3.0 时代，新的问题迎面而来。

1）随着基于区块链技术的数字货币种类迅速增长，不同币种之间直接交易的难度大幅上升。截至 2019 年 8 月 7 日，仅 CoinMarketCap（一家全球性数字货币行情软件）上记录在案的数字货币就有 2432 种，相互之间的"交易对"数量更是难以计数。

2）随着数字货币应用场景的拓展和使用人群的扩大，BTC 和 ETH 网络中的总活跃地址数增长迅速，它们已经发展为现象级投资标的，但是以比特币为代表的加密数字货币币值波动性巨大，难以满足公众交易媒介的基本要求。

3）数字货币市场影响力的提升引起了监管机构的重点关注，数字货币主流交易所逐渐暂停或关闭法币通道。2017 年 9 月 4 日，中国人民银行、工信部等 7 部委联合发布《关于防范代币发行融资风险的公告》，将 ICO 定性为非法融资行为。

新局面下，"稳定币"应运而生。"稳定币"通过特定机制锚定其价值和价格从而实现价格稳定，充当众多非央行数字货币之间的交易媒介。"稳定币"利用区块链技术模仿法定货币的币值稳定机制，如：设立准备金，把一部分资产（如美元等法币）作为准备金储存起来，用以支持和维护稳定币的价格（类似于法定准备金）；在稳定币价格出现大幅波动时，通过智能合约等手段进行买进和卖出（类似央行公开市场操作），以此增加或减少流通中的稳定币数量，达到稳定价格的目的。

（1）USDT：锚定美元以稳定币值

2014 年，Tether 公司借助比特币网络发行了一种在价格上锚定美元的代币——泰达币（USDT），USDT 完全与美元挂钩，价格基本维持在 1 美元附近。USDT 价格稳定且能够较为方便地与法币互相兑换，以此满足数字货币间安全、高效的交易需求，为投资者的入场和交易提供便利。

2017 年，数字货币牛市助力以 USDT 为代表的稳定币快速发展。从 2017 年年中开始，数字货币市场进入牛市，单枚 BTC 价格从 2000 美元左右迅速上涨到近 20000 美元，单枚 ETH 价格从十几美元上涨到数百美元，稳定币需求也随之提高，USDT 规模迅速扩张。

2018 年 10 月，USDT 的托管银行 NobleBank 传出破产传闻，USDT 出现信任危机，引发恐慌抛售潮，这种号称 100% 足额法币抵押、价格不会低于 0.98 美元的稳定币一路跌至 0.89 美元。信任危机发生后，USDT 的信用风险逐渐暴露，Tether 公司运作不透明，美元储备存放在不知名的银行，且已经不再提供第三方审计报告，其是否持有足额储备值得怀疑。

2019 年 4 月 25 日，纽约总检察长以"欺诈"的名义对 Bitfinex 和 Tether 公司发起诉讼。在长达 23 页的诉状中，最核心之处在于，纽约总检察长认为 Bitfinex 挪用 Tether 公司总计约 8.5 亿美元的储备金。

Tether 公司官司缠身的同时，其他稳定币则趁机发力，针对 USDT 存在的问题进行优化。如 TUSD 进行第三方托管、定期审计、引入智能合约发行和销毁 TUSD，Paxos 则选择直接引入政府监管。各大交易平台出于风险规避的选择，纷纷上线其他稳定币，USDT 的市场份额骤降。

（2）Libra：锚定多种资产以稳定币值

USDT 等稳定币往往选择锚定单一美元资产，除了在数字货币二级市场之外未有成熟的应用场景，同质化严重且竞争极其激烈。

2019 年 6 月 18 日，世界最大的社交网络公司 Facebook 联合各行业领先机构发布了《Libra 白皮书》。Libra（Libra 的 Logo 如图 2-8 所示）是一种稳定币，以区块链技术为基础，以一篮子银行存款（包括美元、英镑、欧元、日元等法币）和短期政府债券为储备资产，为 Libra 稳定币增信，最大限度地降低币值波动风险，其使命是"建立一套简单的、无国界的货币和为数十亿人服务的金融基础设施"。这套基础设施由技术体系、价值体系和治理体系共同搭建而成。

1）技术体系：Libra 以区块链技术为基础，为了规避比特币区块链（纯分布式 P2P 架构）的缺陷，采用混合式的 P2P 架构，可以大大提高交易速度。另外，Libra 在编程语言和平台架构方面做了进一步的技术优化。①使用 Move 编程语言，兼顾安全性与开发难度。②采用拜占庭容错（PBFT）算法，即使某些验证者节点网络被破坏或发生故障时也能够确保网络正常运行。相比传统的 PoW 机制，PBFT 共识机制能够实现高交易处理量和低延迟。③采用 Merkle 树的数据存储结构，改善区块数据结构，进一步保证数据的安全性和完整性。Merkle 树可以将区块链中所有的交易信息归纳总结，只要任何一个树节点被篡改就会导致验证失败，因此可以快速、高效地检验大规模数据的正确性和完整性。

图 2-8　Libra 的 Logo 示意图

2）价值体系：Libra 以一揽子银行存款和短期债券作为资产储备，进一步保证币值稳定。Libra 锚定多种资产且会定期调整资产构成，一方面能够避免像 USDT 那样受单一货币价格变动的影响，出现币值剧烈波动的问题，以达到最大程度的币值稳定；另一方面，避免受限于货币品种过于单一带来的风险，限制 Libra 的未来发展。

3）治理体系：Libra 由 Facebook 发起，由 Libra 协会进行发行管理。目前，Libra 协会包含 28 个成员（根据白皮书，正式发行时成员将达到 100 个左右），覆盖支付、区块链、电信等多个行业。每个协会成员代表区块链网络中的一个节点，共识机制采用 PBFT 机制，即只要有 2/3 以上的节点正常即保证网络正常运行。Libra 初始投资人每投资 1000 万美元即可在协会中获得一票表决权，但为了避免中心化问题，每个投资者只能代表 1 票或总票数的 1%。Libra 协会的职责包括但不限于，选举董事会作直接监督机构，决定发行和收回 Libra 货币以及向 Libra 投资人支付分红。

Libra 凭借技术优势和币值稳定可以降低跨境支付成本、助力全球普惠金融。

1）传统跨境支付基于第三方中介机构，具有流程复杂、费用高、结算时间长等缺陷，Libra 以一揽子货币作为储备资产，任何人都可以用本国货币兑换成 Libra，从而使用户可以实现更低成本、更快速度的跨境支付。

2）传统金融系统成本高，欠发达地区缺乏金融基础设施，Libra 可以向欠发达地区提供低成本的金融服务，助力全球普惠金融。

但 Libra 本身也蕴含风险，Libra 一经提出，就受到广泛关注，被认为很可能冲击现有的货币体系，面临各国监管挑战。

1）Libra 被视为未来超主权货币的潜在竞争者，势必会冲击各主权国家的货币政策，甚至可能会替代部分中小国家的主权货币。

2）Libra 为用户提供了更加便捷的外汇兑换渠道，外汇管理制度难度增大。

3）数字货币自诞生以来，就一直被犯罪分子所利用，Libra 的普及可能会大幅增加反洗钱和反恐的难度。

基于以上原因，各国监管普遍对 Libra 持中性或消极态度，在此情况下，Libra 的流动及业务开展或将受到阻碍。

（3）BUSD：币安（Binance）官方美元稳定币

在 USDT 市场份额逐渐下降的同时，以 BUSD 为代表的新兴稳定币的市场份额则迎来了爆发式增长。

2019 年 9 月 5 日，币安与 Paxos 共同推出美元锚定稳定币币安 BUSD，并获得纽约州金融服务部（NYDFS）许可。币安 BUSD 最初在币安和 Paxos 平台上推出，投资者可直接购买，或以 1∶1 汇率兑换美元，并且可以在币安进行与 BTC、BNB、XRP 等代币之间的交易。

在过去很长的一段时间里，BUSD 市场规模增长势头迅猛。这一稳定币在最初时的市值为 1700 万美元，随后便开始大幅上涨，60 多天内便增长了 571%。

截至 2020 年 3 月 11 日，在币安、Paxos 和其他 45 个支持 BUSD 交易的交易平台上，已有价值 4.16 亿美元 BUSD 被购买。超过 40000 名用户持有 BUSD，且这个数量正在以每周 20% 至 30% 的速度快速增长。

### 2.4.3　央行数字货币研发突飞猛进

央行数字货币不仅具有传统货币以国家主权为依托的优点，同时也具有数字货币的先进性，在防止洗钱、假钞、黑客攻击、偷逃税款等方面具有显著价值。

主权国家央行发行数字货币可以降大幅度低货币发行、流通的成本，提升经济交易活动的便利性和透明度，提升央行对货币供给和货币流通的控制力，更好地支持经济和社会发展，助力普惠金融的全面实现。

央行数字货币可以让点对点支付中（比如个人之间、个人和企业之间、企业和企业之间）任意金额的支付都变得更加容易（现金需要面对面才可以实现），虽然央行数字货币没有物理形式的实体，但是它会像现金一样充分地触达到国家的每个居民和组织。

经历了多年的摸索与尝试之后，全球各国央行数字货币应用落地速度在 2019 年末突然加快。

2019 年 11 月 11 日，新加坡金管局宣布，基于区块链的多币支付系统原型 Ubin 进入第五个阶段。

2019 年 12 年 17 日，欧洲央行发布了 PoC 项目 EUROchain。

2020 年 1 月 21 日，国际清算银行（BIS）与加拿大、英国、日本、欧洲、瑞典和瑞士等央行共同成立央行小组，开展央行数字货币的研发。

2020 年 2 月 8 日，IMF 建议东加勒比货币联盟（ECCU）尝试使用一种共同的数字货币。

2020 年 2 月 11 日，美联储主席表示，美联储正在研究央行数字货币，但尚未决定是否推出数字美元。

2020 年 2 月 11 日，欧洲央行行长表示，希望评估央行数字货币能否为公众提供明确的用途，并支持欧洲央行的目标。2020 年 2 月 21 日，瑞典央行开始其央行数字货币电子克朗（e-krona）测试。

2020 年 3 月 10 日，日本央行副行长在 2020 年东京"未来支付论坛"上就央行数字货币发行发表观点，认为需要关注"三个不变"和"三个变化"。

2020 年 3 月 12 日，英国央行发布题为《央行数字货币：机遇、挑战与设计》的讨论报告。

2020 年 3 月 27 日，法国央行发布央行数字货币实验应用方案征集令。

2020 年 4 月 6 日，韩国央行宣布将于 2021 年进行央行数字货币试点测试。

## ■ 2.5　数字货币的底层技术

一言以蔽之，数字货币的底层技术即区块链技术，其本质是一种基于密码学算法的"电子契约"。

无论是构成区块链技术核心的共识算法、容错算法、加密技术、传输技术、存储技术，都是构筑于完备的密码学基础，而非工程学技术。正是因此，区块链技术并不强依赖于物理基础设施，在最极端的情况下，甚至可以只借助于简单的无线电技术来搭建一个简易的区块链网络。就广义范畴而言，比特币只是区块链技术的一种具体实现形式，只要具备去中心化、全网共识、防篡改、可回溯这几个核心要素，都可视为区块链技术理念的延伸。

### 2.5.1　数字货币的基础——区块链技术

与传统的银行转账、汇款等方式相比，数字货币交易不需要向第三方支付费用，其交易成本更低，特别是相较于向支付服务供应商提供高额手续费的跨境支付。此外，数字货币所采用的区块链技术具有去中心化的特点，不需要任何类似清算中心的中心化机构来处理数据，处理交易更加安全。可以说，数字货币代表了未来金融秩序的发展趋势，在不远的将来，数字货币将会成为数字经济时代各主要国家重点抢占的国际竞争战略制高点。

数字货币之所以具有强大生命力，主要是基于其坚实的技术基础——区块链技术。比特币是区块链技术在全球的第一个落地应用，也是目前为止最成功的区块链应用之一。

接下来，以比特币为例对数字货币的技术逻辑和运行规则进行说明。

2008年，中本聪发表了一篇关于比特币的论文，提出建立一种没有主权信用背书的电子货币，就在这一年，去中心化的货币体系——比特币正式诞生。

比特币的产生需要依据特定的算法，通过大量复杂的运算才能生成，俗称"挖矿"。挖矿就是指产生新区块并计算随机数的过程，通过解决这项复杂的数学问题来寻找一个随机数散列值（称为哈希值），即通过改变随机数来生成不同的散列值，直到符合要求。这个节点会对交易进行验证，把所包含的交易信息写到这个区块里面去，并添加至区块链网络上面，形成正式的区块。

比特币自诞生起，所有转账、交易都将被记录在"块"上，区块与区块之间相连，形成区块链网络。任何人均可查阅交易记录，但任何个体都无法轻易控制、篡改数据。这种在全网记录所有交易信息的公开账本去中心化存储，信息高度透明可靠，以极低成本解决了信任与价值的可靠传递难题。

现实中，银行系统记录每笔非现金交易，一旦银行计算机网络崩溃（若无灾备系统的话），则所有数据都会遗失。而比特币的所有交易记录都保存在全球所有相关计算机中，只要还有一台装有比特币程序的计算机能工作，比特币的交易记录就可以被完整地读取。如此高度分散化的交易信息存储，使得比特币网络完全遗失的可能性微乎其微。因此，区块链也被称为"分布式账本"，即将区块链网络看作一本公共账本。

根据上述分析，比特币所依托的区块链技术主要有以下两个主要特性。

一是去中心化。区块链系统由一个一个区块链接而成的，整个系统通过分布式数据库的形式，让每个参与节点都能获得一份完整数据库的拷贝。分布式账本的特点就是，一旦被记录，信息就不能被随意篡改，除非能够同时控制整个系统中超过 51% 的节点，否则单个节点上对数据库的修改是无效的。参与系统中的节点越多和计算能力越强，该系统的数据安全性越高。在这种情况下，参与整个系统中的每个节点之间进行数据交换是无须互相信任的，整个系统的运作规则是公开透明的，所有的数据内容也是公开的，在系统指定的规则范围和时间范围内，节点无法欺骗其他节点。

二是不可篡改。区块链系统数据块由整个系统中所有具有维护功能的节点来共同维护，而这些节点是任何人都可以参与的，每个节点分享对等的权利和义务。

区块链是比特币的底层技术，但其作用不仅局限于比特币。区块链的分布式、可追踪、不可被篡改的安全底层协议，相当于形成了一套共识机制——即一套基于底层可以构建信任的机制，人们可以在底层协议上方进行开发和编程，类似于互联网网页系统的 HTTP 和邮件系统是基于 TCP/IP 底层协议上开发的。

### 1. 去中心化与交易验证

比特币网络的本质是一个大型的分布式记账系统，该网络不设准入机制，每一个成员节点都可以参与记账。虽然每一笔交易都会被全网广播，但是因为成员节点的网络环境限制，各个成员节点的数据延迟有可能不同，进而导致每个节点的账本中记录的交易数据也有所不同。更何况还会存在恶意节点的作弊行为，那么对记账者的筛选以及排除恶意节点的影响就成了比特币网络架构设计中的核心问题。

为解决这一问题，比特币网络采用了一套有奖励的记账赋权机制。因为记账行为需要算力和内存开销，而且保存的账本中大部分内容都是与记账节点无关的交易内容，为了保持成员记账的积极性，比特币网络设置了一定的记账奖励。

首先，参与记账的节点可以获得以比特币形式支付的手续费。其次，获得最终打包权（账本入链）的节点则可以获得高额的打包奖励。打包奖励在一开始高达每次 50 个比特币，每打包 21 万个区块后打包奖励减半一次，只要全网算力分布均匀，那么打包权也会均匀赋权给所有节点，比特币系统正是通过这种方式完成了货币在全网的扩散分发。

既然每个节点的账本都有可能不一样，那么最终由谁负责记账就成为一个至关重要的问题。

传统的拜占庭容错算法往往旨在设计出一种能够对节点间的信息传输进行多重交叉验证的通信机制来达成全局一致性。而工作量证明（PoW）机制则采用了另一种更为"简单粗暴"的设计思路，那就是人为提高恶意节点伪造信息的成本，使得作弊成本远远高于所带来的收益，通过牺牲区块链网络的效率来换取数据安全性。

比特币网络采用 PoW 来实现对记账权限的唯一下发，进而实现账本的全网一致性。PoW 是一种以结果为导向的认证赋权机制，即不关心受验者具体的计算过程，只关心最终的结果。PoW 要求所有受验者计算一个"数字谜题"，先计算出这个数字谜题的节点将获得当前区块的打包权限。

PoW 要求参与记账的节点对自己当前区块的区块头信息进行两次 SHA256 哈希运算，得到一个 256 位的数字摘要。哈希运算是一种将不定长字符串数据映射到一个 256 位定长的二进制散列结构上的加密算法，且用原始数据计算哈希值很容易，但是却几乎无法通过哈希值逆推原始数据。此外哈希算法还具有输入敏感特性，原始数据微小的差异都会使得哈希值大相径庭，几乎不需要考虑哈希碰撞的情况，因而有效规避了记账节点通过伪造符合要求的哈希值和原始数据来窃取记账权利的风险。

**扩展阅读：拜占庭将军问题**

1982 年，计算机科学家莱斯利·兰伯特（Leslie Lamport）提出了著名的拜占庭将军问题（如图 2-9 所示），该问题基于一个虚构的历史架空场景。

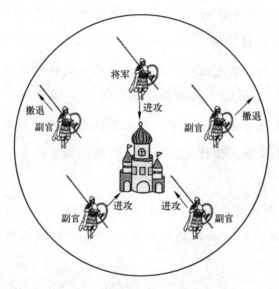

图 2-9　拜占庭将军问题示意图

拜占庭帝国的军队包围了一处敌军的堡垒，但是为了维持包围纵深，使得军力不得不分散为几支彼此独立的部队。如果想要攻陷堡垒，那么就需要几支部队共同行动（一起进攻或者一起撤退）。如果只有一部分军队进攻，另一部分军队撤退，那么战局将会陷入无可挽回的失败。

已知其中几只部队的将领已经叛变且会向其他部队发送错误的信息，那么采用何种策略才能确保部队之间行动的一致性呢？

这一看似与区块链无关的问题实则触及到了整个区块链网络设计

的核心——在成千上万节点共同运作的情况下，如何达成全局数据一致性？

比特币网络并不会对网络中的成员设置严苛的准入机制，那么恶意节点和作弊行为就是一个几乎无法规避的问题。那么，如何才能防止恶意节点破坏网络，随意篡改区块链网络中的数据呢？

莱斯利·兰伯特在提出这一问题的同时也给出了一种在无网络延迟状况下的拜占庭容错算法，这一算法在恶意节点数不超过总节点数 1/3 的状况下是可解的。首先这一算法将整个分布式网络简化为一个"将军（Commander）——副官（Vice-general）模型"，其中发起某个提议的节点扮演将军，其余节点扮演副官，每支部队之间可以两两互通。

所谓拜占庭容错，指的是在拜占庭问题的场景设定下，要保证如下两点。

1）当将军忠诚时，要同时保证命令的准确性（将军的提议被所有忠诚的副官正确执行）和行动的一致性（将军和忠诚的副官行动保持一致）。

2）当将军非忠诚时，要保证所有忠诚的副官行动的一致性。

设总节点数为 N，恶意节点数为 F，首先考虑不可解的情况，即 N≤3F 时：

N=3 时，V2 为叛徒的情况如图 2-10 所示。

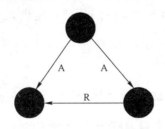

图 2-10　N=3 时，V2 为叛徒的情况

当 C 和 V1 是忠诚的，V2 是叛徒时。C 向 V1、V2 发出进攻命令。V1 从将军处收到进攻命令，但 V2 告诉 V1 自己收到撤退命令，V1 无法判定 C 与 V2 谁是忠诚的，故无法达成一致性。

N=3 时，C 为叛徒的情况如图 2-11 所示。

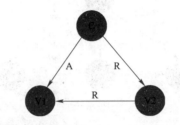

图 2-11　N=3 时，C 为叛徒的情况

当 V1、V2 是忠诚的，C 是叛徒时。C 向 V1 发出进攻命令，向 V2 发出撤退命令。V1 从 C 处收到进攻命令，V2 告诉 V1 自己收到撤退命令，V1 仍然无法判定 C 与 V2 谁是忠诚的，故无法达成一致性。

之后考虑可解的情况，即 N>3F 时。

N=4 时，V3 为叛徒的情况如图 2-12 所示。

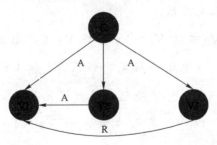

图 2-12　N=4 时，V3 为叛徒的情况

当 C 和 V1、V2 是忠诚的，V3 是叛徒时。C 向 V1、V2、V3 发出进攻命令，V2 告诉 V1 自己收到进攻命令，V3 告诉 V1 自己收到撤退命令，此时 V1 收到的信息集合为 {A,A,R}，取多数原则，执行

进攻命令。其余忠诚副官同理执行进攻命令，实现准确性和全局一致性。

N=4 时，C 为叛徒的情况如图 2-13 所示。

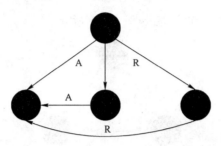

图 2-13　N=4 时，C 为叛徒的情况

当 V1、V2、V3 是忠诚的，C 为叛徒时。C 向 V1、V2 发出进攻命令，向 V3 发出撤退命令。V1 收到的信息集合为 {A,A,R}，执行进攻策略。其余忠诚副官同理执行进攻策略，实现全局一致性。

当然在实际的分布式系统中情况远比这要复杂，可能有成百上千节点同时运行，因此当恶意节点的数量增加，这一算法是否还能够实现拜占庭容错呢？考虑这种更复杂的情况。

首先定义一个三元函数：

该函数表示"Vz 告诉 Vx：Vy 告诉 Vz 其所收到的命令"。A 表示进攻，R 表示撤退，I 表示不确定。假设 V5 和 V6 是叛徒，C、V1、V2、V3、V4 是忠诚的。那么要想在这一情况下实现拜占庭容错，就必须用到递归算法。以 V1 节点为例，当 Vx=V1 时，做出 FVz→V1（Vy→Vz）函数的真值表，如图 2-14 所示。

首先根据横向多数原则确定每一个忠诚将领从其他将领处收到的信息中的多数真值。然后根据纵向多数原则确定 V1 的最终策略，根据 FVz→V1（Vy→Vz）函数真值表可确定 V1 的最终策略为攻击。

| Vz \ Vy | V1 | V2 | V3 | V4 | V5 | V6 |
|---------|----|----|----|----|----|----|
| V1=A | A | A | A | A | I | I |
| V2=A | A | A | A | A | I | I |
| V3=A | A | A | A | R | I | I |
| V4=A | A | A | A | R | I | I |
| V5=I | A | I | I | I | I | I |
| V6=I | A | I | I | I | I | I |

图 2-14 FVz→V1（Vy→Vz）函数真值表

同理可以计算出其他将领的 FVz→Vx（Vy→Vz）函数真值表，结果为所有忠诚将领都会选择攻击策略。

需要强调的是，莱斯利·兰伯特的这一算法只能应用在无网络延迟（即任意节点间可以瞬时互通）的情形下。当 F 值增加时，递归算法需要用到一个 F 维的向量函数真值表，算法复杂度会以指数级上升，因此这一算法在实际的分布式系统中几乎无法应用。在此基础上，后来计算机学者们进一步提出了 PoW、PoS、PBFT、RAFT 等实用的拜占庭容错算法。

### 2．不可篡改与数据加密

在比特币网络中，每个节点随时都会收到来自其他节点的多条交易记录，其中有些交易记录可能是恶意节点伪造的。于是，确保每一笔交易由账户持有者本人发出且合法成为比特币交易安全中一个至关重要的问题。对此，比特币网络采用了公/私钥加密算法来对每一笔交易进行身份验证，所谓公/私钥加密是一种典型的"非对称加密算法"，"非对称"的意思是信息的加/解密所需要的密钥是不一致的。

用于信息加密的密钥称为"私钥"，当用户注册比特币钱包时会生成一个随机数，该随机数对应生成用户私钥，私钥由用户本人唯一持有且与比特币账户关联（私钥丢失意味着该账户下所有资产的丢失）。同时比特币网络还会根据私钥产生与之对应的公钥和地址，这两者都是公开的，用于交易时其他节点对交易合法性的验证。基于公/私钥算法的身份验证机制如图 2-15 所示。

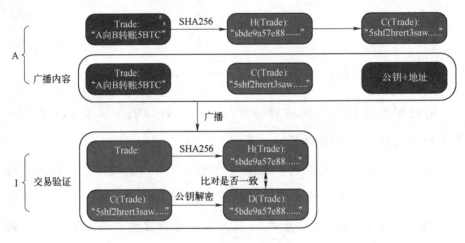

图 2-15　基于公/私钥算法的身份验证机制

已知私钥由账户所有者唯一持有，而对应公钥可以由任何一个用户持有。当用户 A 发起一笔转账交易 Trade="A 向 B 转账 5BTC" 时，首先 A 会对 Trade 进行一次 SHA256 运算得到数字摘要 H（Trade）=SHA256（Trade）。之后 A 会用私钥对 H（Trade）加密得到密文 C（Trade），然后 A 会将交易记录 Trade、C（Trade）、公钥及地址一起打包后向全网广播。

当节点 I 收到 A 的广播后，首先会对 Trade 进行一次 SHA256 运算得到 H（Trade）=SHA256（Trade），之后用收到的公钥解密密文 C（Trade），得到 D（Trade）= Deciphering（C（Trade））。比对 H（Trade）和 D（Trade），如果两者一致则证明该条交易记录确实由 A 发出，若不一致则说明该条记录由恶意节点伪造。

公/私钥加密算法有效排除了恶意节点伪造交易记录的情况，但是即便是正常用户也有可能会存在超额透支自己账户中余额的作弊行为，这就需要引入额外的验证机制。假设用户 A 的账户中余额为 50BTC，但是其却向全网广播了一条"A 向 B 转账 100BTC"的交易信息。当其他节点收到该信息后，并不会马上将这条记录写入区块，而是会通过回溯历史区块来重建 A 的账户信息，并对 A 的账户状态进行校验。如果其余额低于 100BTC，则该条交易信息视为无效交易，并不会被打包进区块中，也就不会出现超额透支的问题。

此外还有另一种更为特殊的情况，假设 A 的账户中余额为 50BTC，但是 A 同时向全网广播了两条交易信息："A 向 B 转账 50BTC""A 向 C 转账 50BTC"。当其他节点接收到这两条信息后，都会只接受前一条信息，放弃后一条信息。但是因为网络状况的不同，有可能有的节点保留了前一条信息，而有的节点保留了后一条信息。在这种情况下，永远都是以最终入链的那条交易记录为准，因此发出一条交易记录并不意味着该笔交易会立即生效，只有最终入链的交易记录才会被全网所认可。

此外还存在另一种比较极端的情况，因为区块链本身的拓扑结构，每个区块都保存了前一个区块的数字摘要（父区块的哈希编码）。如果某个历史区块中的记录发生变动，那么其区块哈希值也会随之发生改变，从而破坏全链的拓扑结构，成为一条废链。如果某个恶意节点想要篡改历史区块中的交易记录，即必须从被篡改的区块开始重新计算一条新链。为了规避恶意节点用被篡改的分支链取代公链，比特币网络引入了"最长链原则"，也就是全网永远以最长的那条区块链作为公链。如果恶意节点想要用分支链 B 取代公链 A，就必须不断向下计算直到分支链 B 比公链 A 更长。而又因为 PoW 的限制，记账概率与算力成正比。这就要求恶意用户至少需要占有全网的多数算力才有可能做到这一点（51%算力攻击），而这几乎是一件不可能的事。

在 PoW 和"最长链原则"的双重保障下，比特币网络有效实现了历史数据的防篡改机制。防篡改机制与最长链原则如图 2-16 所示。

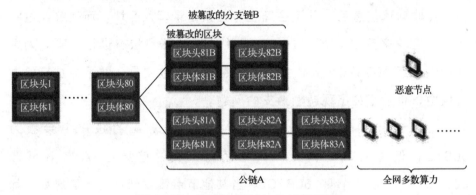

图 2-16  防篡改机制与最长链原则

**扩展阅读：PoW"解谜"流程**

PoW"解谜"流程如图 2-17 所示。

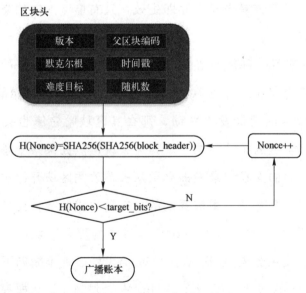

图 2-17  PoW"解谜"流程

首先，区块头中保存了一个名为难度目标（target_bits）的字段信息，这一字段用来调节当前 PoW 算法的题设难度。

其中 target_bits 为目标值，最大为一个固定的十六进制常数 target_max。因为哈希值大体上是均匀离散的，因此哈希值每一位是 0 或者 1 的概率大体上都是 1/2，其取值符合古典概率模型。每一个可能的哈希值都是一个基本事件，总共有有限多个基本事件，这就使得解谜成功率可以通过 target_bits 参量进行调节。PoW 的目标难度会随着全网算力涨落而上下浮动，确保每 10 分钟全网至少能打包一个区块。

PoW 要求受验节点计算一个哈希值：

H（Nonce）=SHA256（SHA256（block_header））

且要求：

H（Nonce）<target_bits

又因为一个待打包区块的区块头中除 Nonce 随机数外其余的字段都已经确定，受验节点就只能通过调节 Nonce 的值来改变 H（Nonce）的值。因此解题过程实际上也就是一个通过不断改变 Nonce 的值来暴力计算符合要求的 H（Nonce）的过程，也即俗称的挖矿。

PoW 是在严格的密码学理论和数学算法限制下，用物理资源的强制性开销为比特币的稀缺性和流通性提供信用担保的一种手段，其构成了比特币作为一种货币的信用基石。也就是说，挖矿本质上是将物理资源（如计算机的运算力与电力开销）转换为数据资源（比特币）的过程。

假设全网有 N 台矿机，每台矿机的平均算力为 S（次/秒），当前的目标难度为 target_bits，要保证十分钟至少打包一个区块，则很容易得出这三者之间的算术关系。

已知 H（Nonce）的值域为离散的定长二进制数且符合古典概率模型，故任取一个 Nonce1，H（Nonce1）< target_bits 的概率为：（taret_bits）/（taret_max）。

每秒全网能进行 N*S 次计算，则每秒产生的 H（Nonce）符合条件的概率为：（taret_bits）/（taret_max）*（N*S）。

要求 10 分钟至少打包一个块，那么要求十分钟全网算出符合要求的 H（Nonce）的概率必须为 1，则有：（taret_bits）/（taret_max）*（N*S）*600=1。

进而可知：当某个受验节点第一个得出符合要求的 H（Nonce）值时，便会将自己打包的区块和 H（Nonce）向全网广播（H（Nonce）会作为本区块哈希编码存入下一个区块的区块头中）。其他节点接收到该信息后会迅速对结果进行验证（验证分为两部分，一方面验证受验区块 H（Nonce）是否符合要求，另一方面验证交易集合中的记录是否合法），如果验证通过则将该区块上链并放弃对当前区块的解密，并且进入下一个区块的解密工作。PoW 记账赋权机制保证了全网只会接收最快算出数字谜题的那个节点所打包的块，进而保证了数据的全局一致性。

就 PoW 作为一种共识算法而言，其优点是显而易见的：去中心化，不设准入门槛的设计有效规避了少数成员对记账权利的垄断。而且强制性的物理资源开销也大大增加了恶意节点的作弊成本，有效避免了恶意节点对全网共识的干扰。

但是另一方面 POW 的缺点也尤为突出，最明显的便是"数字解谜"的设计大大延缓了网络的记账效率。在 10 分钟记账周期内，一个区块大约只能存储 4000 条交易记录，这就意味着比特币网络每秒大约只能处理 7 条左右的交易请求。

而且虽然 PoW 基于去中心化的理念设计，但是在后来的实践中不可避免地发生了对初衷的偏移。中本聪最初的设计愿景是全网每一个 CPU 公平分享记账的权利。但是因为"数字解密"的算术重复性特征，很多专业挖矿团队都采用了更加适合重复运算的 GPU 集群挖矿。这使得 PoW 最初的均质赋权体系受到了相当程度的冲击，形成了少数大型矿场垄断算力的局面。

针对这种情况，区块链技术在持续的演进中也采用了其他形式的 PoW 算法。如以太坊采用的"内存困难算法"，即将算力开销转为内存开销，使得矿场要想提升挖矿成功率就必须增加内存，而无法借助优化了 CPU/GPU 架构的专业矿机来实现挖矿效率的指数级提升。

### 2.5.2　数字货币的技术沿革

1982 年，莱斯利·兰伯特提出拜占庭将军问题（Byzantine Generals Problem），把军中各地军队彼此取得共识、决定是否出兵的过程，延伸至运算领域，试图建立具有较高容错性能的分散式系统。在这一系统中，即使部分节点失效仍可确保系统正常运行，并且让多个基于零信任基础的节点达成共识，从而确保资讯传递的一致性。

1985 年，椭圆曲线密码学被提出。尼尔·科布利茨和维克多·米勒分别提出椭圆曲线密码学（Elliptic Curve Cryptography，ECC），首次将椭圆曲线用于密码学。相较于 RSA 算法，采用 ECC 的好处在于，可用较短的密钥（在明文转换为密文或将密文转换为明文的算法中输入的一种参数）达到相同的安全程度。

1989 年，大卫·乔姆提出注重隐私安全的密码学匿名现金支付系统。这一体系具有不可追踪的特性，也是区块链在隐私安全方面的雏形。

1990 年，大卫·乔姆开发出了不可追踪的密码学匿名电子支付系统，也就是后来的 eCash，不过 eCash 并非去中心化系统。

莱斯利·兰伯特提出具有高容错性的一致性算法 Paxos。

1991 年，斯徒尔特·哈伯与 W. 斯科特·斯托尼塔提出用时间戳确保数位文件安全的协议，此概念之后被比特币区块链系统所采用。

1992 年，斯科特·万斯通等人提出椭圆曲线数字签名算法（Elliptic Curve Digital Signature Algorithm，ECDSA）。

1997 年，亚当·贝克发明 Hashcash（哈希现金），Hashcash 是一种工作量证明算法，此算法仰赖成本函数的不可逆特性，具备容易被验证但很难被破解的特性，最早被应用于阻挡垃圾邮件。Hashcash 之后成为比特币区块链所采用的关键技术之一。

1998 年，戴伟发明的匿名的分散式电子现金系统 B-money，引入工作量证明机制，强调点对点交易和不可窜改特性。不过在 B-money 中，并未采用亚当·贝克提出的 Hashcash 算法。戴伟的许多设计之后被比特币区块链所采用。

尼克·萨博发表去中心化的数字货币系统 bitgold，参与者可贡献运算能力来解出加密谜题。

2005 年，哈尔·芬尼提出可重复使用的工作量证明机制（Reusable Proofs of Work，RPoW），结合 B-money 与亚当·贝克提出的 Hashcash 演算法来创造加密数字货币。

2008 年，中本聪发表了一篇关于比特币的论文，描述了一个点对点电子现金系统，能在不具信任的基础之上，建立一套去中心化的电子交易体系。第一代区块链由此诞生。

2009 年 1 月 3 日，中本聪在位于芬兰赫尔辛基的一个小型服务器上挖出了比特币的第一个区块——创世区块（Genesis Block），并获得了首批"挖矿"奖励——50 个比特币。在创世区块中，中本聪写下这样一句话："The Times 03/Jan/2009 Chancellor on brink of second bailout for banks（2009 年 1 月 3 日，财政大臣站在第二次救助银行的边缘）"。

2009 年 1 月 11 日，比特币客户端 0.1 版发布，这是比特币历史上的第一个客户端，它意味着更多人可以挖掘和使用比特币了。第二天，中本聪将 10 枚比特币发送给开发者、密码学活动分子哈尔·芬尼，第一笔比特币交易诞生。

2014 年，维塔利克·布特林（V 神）发布以太坊白皮书，并提出智能合约的概念，以用于货币以外的数字形式资产的转移，如股票、债券等。开发者可以在以太坊网络上基于智能合约开发各种分布式应用（DAPP），这极大地扩展了区块链的应用场景，第二代区块链由此诞生。

2015 年，这一年是数字货币的高光时刻。旨在提升区块链系统性能、突破区块链网络运行速度瓶颈、拓展区块链应用场景的多个重要技术及应用都在这一年产生，包括 IPFS（InterPlanetary File System，中文名叫星际文件系统）、闪电网络、石墨烯技术、Interledger 支付协议（ILP）等。与此同时，数字货币在实体经济当中的应用也渐入佳境。

2016 年 4 月 5 日，去中心化电子商务协议 OpenBazaar 上线，它能够让点对点的数字商务成为可能，并使用比特币作为一种支付方式，类似于一个去中心化的"淘宝"。

2018 年 4 月，22 个欧盟国家签署了建立欧洲区块链联盟的协议，旨在使该联盟成为交流区块链技术和监管经验等专业知识的平台。美国政府同样关注区块链的发展，2018 年，美国国会、商务部国家标准与技术研究院等部门先后发布了多份区块链报告，认可了区块链的发展潜力，多个州对区块链技术的相关问题进行立法。此外，美国产业界也早已认识到数字货币的发展潜力，纷纷从技术、底层平台到行业应用进行了深入探索。

## 2.6　数字货币的发行方式

央行数字货币（CBDC）是主权信用货币的数字化载体，通过中央银行以主权国家的政府信用作为背书，由国家保障发行和流通。

除了央行数字货币之外的所有数字货币均不具有法偿性，这类数字货币可以统称为非央行数字货币，这些数字货币的发行方式可以分为 ICO（首次代币发行）、IFO（首次分叉发行）、IMO（首次矿机发行）、IEO（首次交易发行）、STO（证券化通证发行）等五种方式。

### 2.6.1　ICO（首次代币发行）

#### 1. ICO 概述

首次代币发行的英文名为 Initial Coin Offering，缩写为 ICO。ICO 的概念源自股票市场的首次公开发行（IPO），是区块链项目首次发行代币募集资金的行为。需要说明的是，ICO 目前在我国仍然是被禁止的。

ICO 是一种为加密数字货币/区块链项目筹措资金的常用方式，项目的早期参与者可以从中获得初始产生的加密数字货币作为投资回报。由于 ICO 项目所筹措的资金具有一定的市场价值，因而可以兑换成法币，从而支持项目的开发成本。

ICO 参与者对于一个项目的成功非常重要，他们会在社区里为该区块链项目进行宣传，使它产生的代币在开始交易前就获得流动性，但 ICO 的参与者最看重的依然是由项目发展或代币发行后价格升值带来的潜在收益。

（1）ICO 发展的第一阶段

以 2016 年 8 月 NEO 的二期 ICO 成功为标志性事件，区块链行业迎来了 2017 年爆发的 ICO 浪潮，特别 ERC20 标准的应用降低了发币门槛，使得众多区块链项目得以不受限制地发行自己的数字货币。作为第一批尝鲜 ICO 的项目，其发行市值大都在 50 亿人民币以上。

正在研究项目的 ICO 投资者们如图 2-18 所示。

图 2-18　正在研究项目的 ICO 投资者们

（2）ICO 发展的第二阶段

进入 2017 年 6 月份，国内一批投机分子的空气币（空气币泛指那些无团队、无公司、无应用场景的"三无"加密数字货币）开始进入市场。这些加密数字货币的典型特征是，团队背景看着比较华丽，但是没有任何真实成绩，主要靠包装一个项目白皮书来忽悠外行参与众筹投资。

在代币发行近乎失控的情况下，2017 年 9 月 4 日，中国人民银行、中央网信办、工业和信息化部、工商总局、银监会、证监会、保监会联合下发了《关于防范代币发行融资风险的公告》，《公告》指出，代币发行融资本质上是一种未经批准的非法公开融资行为，要求自公告发布之日起，各类代币发行融资活动立即停止，同时已完成代币发行融资的组织和个人做出清退等安排，我国境内的 ICO 活动就此宣告结束。

2018 年春节前后，ICO 在海外迅猛复苏，ICO 的形式和方法有了明显变化，交易从线上公开平台转移到线下和非公开平台。之前的 ICO 主要通过 ICO.info 等代投平台进行，项目方给平台部分额度，个人可以直接参与。现在国内平台均已关闭，国外大部分平台明确表示不接受来自中国的 IP 参与 ICO，且通过海外平台参与需要一整套国外证件，复杂的流程将大部分国人挡在了门外。

（3）可控 ICO—DAICO

ICO 机制最大的缺陷在于，项目方募集资金之后，仅仅靠项目方的自我约束，缺乏有效监管；同时，ICO 目前处于监管的灰色地带，投资者对项目方普遍缺乏约束力，甚至很难得到法律的保护。

有鉴于此，一种新型融资方式 DAICO 出现了（DAICO 是 DAO 和 ICO 的结合体，即 Decentralized Autonomous ICO，去中心化的自治 ICO），DAICO 这个概念由以太坊创始人 V 神于 2018 年 1 月提出，旨在最大限度地降低资金风险。

在 DAICO 这种 ICO 环境中，想募集资金的项目方首先会发布一个 DAICO 智能合约，它首先以贡献模式（Contribution Mode）开始，并指定了一种机制，任何人都可以向这个合约投入以太币（ETH）或者其他加密数字货币，投资者自动获得项目方发行的代币。一旦贡献阶段结束，就停止接受投入，初始发行的代币数量也就确定了，然后代币就可以开始交易。

完成了资金的募集后，项目方并不完全拥有资金的自由支取权利，这是由 DAICO 智能合约事先约定好的。

DAICO 设定了两种机制：一方面，根据项目方对项目的推进情况，代币持有者进行投票，从而决定项目方可以定期支取募集资金的比例或数量；另外一方面，代币持有者发现项目方涉嫌欺诈或者项目开发极不理想，那么代币持有者可以投票，从而使得智能合约自动终止合同，剩余的资金将按照持有代币的比例原路返还给投资者。

任何 ICO 都需要面临团队不负责任或者项目本身就是欺诈的风险。然而，在 DAICO 中，这些风险被大大地降低了。原因在于 DAICO 设定的机制让投资方可以掌控募集资金的具体用途，项目发起方必须定期公布项目的进展并得到投资人的认可，从而证明项目在朝着预期的方向发展，进而促使投资人投票决定项目方可以不断地从资金募集池中提取资金。在最坏的情况下，投资人可以通过投票自动终止合同，收回投出的资金，从而降低资金风险。

### 2. ICO 与 IPO 的区别

IPO（英文简称 Initial Public Offering）意为首次公开发行，是股份公司首次向社会公众公开招股的发行方式。与 ICO 相比，它们有共同点也有区别。

共同点：

1）都是通过出售股份来筹措资金。

2）都有潜在投资者为了潜在的巨大收益而积极参与。

不同点：

1）ICO 的大部分支持者是项目爱好者或不专业的投资者。

2）ICO 不需要注册经营牌照。

3）ICO 平台是第三方中立平台，缺乏政府监管。

**3. 通过 ICO 方式发行数字货币的案例**

2013 年至 2014 年间：许多区块链项目成功地启动了 ICO，它们的代币价格都出现过疯涨，不幸的是这些 ICO 项目最后都"死"在炒作过程中或者直接成为骗局。然而，在这段时间里，也有十分成功的 ICO 项目，例如以太坊（Ethereum）。

2014 年 7 月：以太坊通过 ICO 共筹措资金超过 1800 万美元，截至 2020 年 7 月 1 日，以太币（ETH）仍然是除比特币以外市值最高的加密数字货币。

2015 年 3 月：Factom（公正通）通过 Koinify 平台进行 ICO，其希望利用比特币的区块链技术来革新商业社会和政府部门的数据管理和数据记录方式。

2016 年 5 月：The DAO（DAO 的全称是 Decentralized Autonomous Organization，即"去中心化的自治组织"）的 ICO 融资额高达 1.6 亿美元，是 ICO 史上最大的众筹项目。可以将该项目理解为完全由计算机代码控制运作的类似公司的实体。但是 The DAO 作为万众瞩目的 ICO 项目，最终因受到黑客攻击，再到发生软硬分叉的争论，最后以解散退回以太币而告终。

2016 年 9 月：FirstBlood（第一滴血）将电竞竞赛服务跟区块链结合，使用了智能合约来解决奖励结构问题，其 ICO 筹资达 600 万美元，全球总共筹到 465312.999 枚 ETH。

### 2.6.2　IFO（首次分叉发行）

**1. IFO 概述**

首次分叉发行的英文全称为 Initial Fork Offering，缩写为 IFO，这是一种通过分叉比特币等较为主流的加密数字货币来生成新的代币并募集资金的数字货币发行方式。

首次分叉发行与首次代币发行不同，首次分叉发行通常是在主流加密数字货币的基础上进行分叉，然后代币持有者根据分叉前持有主流加密数字货币数量即可获得数量相等的对应分叉的分叉币，即另一种加密数字货币。

**扩展阅读：什么是分叉**

"分叉"一词在加密数字货币领域是一个尽人皆知的名词。

分叉的概念最早来源于比特币，我们知道，比特币交易是基于比特币网络的（一个一个区块构成一个前后关联的链条，形成比特币网络）。区块，是有容量的，区块容量的大小会对交易的效率产生限制，如果区块容量太小，那么其所能容纳的在途交易数量也就越少，一旦在途交易数量过大就会造成网络拥堵。

比特币的区块容量只有 1MB，它所能容纳的交易数量大概也就 5-7 笔而已。早期参与比特币交易的用户比较少，这个容量倒是没什么问题，但是随着比特币价格的上涨，越来越多的用户涌入，比特币区块容纳不下这么多交易，就出现了比特币网络拥堵的现象。

这是个大问题，不仅在于大家耐心有限，最主要的原因是，比特币的定位是货币，作为一个货币来说，交易速度的快慢将直接影响到用户体验。

比特币社区当然知道这个问题的严重性，至于如何解决这个问题，比特币社区出现了分歧，这个分歧在于要不要扩大比特币区块的容量。

争议主要分成两个阵营：以 Core 为首的比特币原开发团队认为，比特币是一种储存价值的电子黄金，一旦扩容则会破坏其核心价值；而以比特大陆创始人吴忌寒为首的矿工团队则认为，比特币未来应该是一种可快速流通的货币，需要对其进行扩容以解决交易拥堵问题。

因为区块链的去中心化特性，任何个人和机构都无法决定比特币系统该如何去"扩容"，每个人都有自己的意见，大家的意见产生了分歧，谁也不愿意退让，于是，大家一拍两散，各走各的路，比特币这条链便分裂成了 BTC 和 BCH 两条链，即所谓的"分叉"，BCH 被称为分叉币（比特币的分叉币）。

对于区块链来讲，分叉就是区块链协议的改变，类似于对区块链做一个升级，来弥补系统存在的不足。这就好比现在的手机软件也经常提示你升级是一个道理的。但是，区块链是去中心化的，它不像手机软件那样，开发者说升级就升级。在区块链的世界里，任何的修改都需要全体成员达成共识，没有人能够自行决定什么时候改变以及如何改变区块链底层协议。

所以，当比特币原开发团队和矿工团队产生分歧之后，系统被一分为二，出现两个基于原有区块链的新系统，大家各过各的，谁也不能干预谁。

其实，不止 BCH，比特币的分叉币还有很多。为什么一提到分叉币首先想到的是 BCH 呢？这是因为 BCH 是做得比较成功的分叉币，它的市值最高的时候排在加密数字货币市值排行的第三位，仅次于比特币、以太坊这两大主流币种，知名度非常高。

打一个比方，如果说比特币系统是一棵大树的树干，那么 BCH 等分叉币就是大树的分枝。当然，分叉并不像这个比喻这么简单，分叉还分为硬分叉和软分叉。

上面说的 BCH 就属于硬分叉，硬分叉意味着，使用旧软件的节点再也不能验证使用新软件节点生产的区块了，想验证的话你只能升级，而升级之后就相当于换了赛道，跑在另一个新系统上了，就好比 BCH 之于 BTC，BCH 就是一个全新的赛道（一个全新的链），这个链上的币就是 BCH（比特币现金），那么使用 BCH 系统的节点再也无法去 BTC 网络上进行交易验证了。通俗地讲，硬分叉就是各走各的路，再也没有什么交集了。

与硬分叉相对的是软分叉，软分叉意味着使用旧版本的节点可以验证使用新版本节点所生产出的区块，使用新版本的节点也可以验证使用旧版本节点生产出的区块，两种版本可以兼容。比特币 2017 年隔离见证升级所采用的方式就是软分叉。在整个过程中，不管是使用旧版本还是使用新版本都没有关系，因为两者兼容，新版本只是更好地解决了一些问题，本质上大家还是在比特币这一条链上跑，没有新币产生。

总结来讲，软分叉与硬分叉的区别就在于，使用旧软件的节点能否兼容使用新软件的节点，可以兼容就是软分叉，不能兼容就是硬分叉。

### 2. IFO 与 IPO、ICO 的区别

IFO 与 IPO、ICO 意义相似，都是第一次发行某种产品。它们的区别在于，IPO 发行的是股票，ICO 和 IFO 发行的则是数字货币；ICO 是通过募资发行，而 IFO 则是通过分叉发行。

IFO 继承了 ICO 大部分的特点，既是一种金融创新，但同时也存在

忽悠与欺诈的可能。在 ICO 体系中无论是哪个阶段的资金募集，都具有一定的融资属性，但是 IFO 却没有直接的融资属性，对于原本持有主流币种的人来说，分叉时会自动得到新生成的代币，并不涉及投资或者融资行为。

ICO 在国内已被禁止，而 IFO 从方式与性质上说，触碰监管规则的可能性相对低一些。但如果 IFO 依旧混乱无序，仍然有可能受到有关部门的严格监管。

**3. 通过 IFO 方式发行数字货币的案例**

（1）比特币现金 BCH

比特大陆投资的矿池 ViaBTC（微比特）团队挖出了比特币第478559 个区块，随后对此区块链进行了硬分叉，由此产生了一种比特币的分叉币——比特现金（Bitcoin Cash，简称 BCC，在国外又称BCH）。

比特币现金的区块大小为 8MB，可以容纳的交易数是原来比特币原链大小的 8 倍左右，并且去掉了隔离见证，加入了双向重放保护。BCH 的加密算法与 BTC 相同，一些矿池还加入 BTC/BCH 自动切换功能，可为矿工自动切换至收益更高的币种。

从表现来看，BCH 是分叉币中最成功的一种。BCH 和比特币相比，因为区块容量更大，交易速度更快，而且手续费更低，的确是更像一种"现金"。BCH 因其优点获得了众多交易所、钱包的支持，甚至不少人认为 BCH 才是真正的比特币。

（2）比特币钻石（BCD）

比特币钻石是比特币区块的分叉币，比特币钻石在比特币高度 495866 进行分叉，使用新的工作验证算法创建区块，并陆续在比特币原有特性的基础上增加一系列新的功能。

（3）超级比特币（SBTC）

超级比特币在比特币高度 498888 进行分叉，分叉后比特币的持有者可获得相应数量的 SBTC。超级比特币将区块大小扩展到了 8MB，并加入智能合约和闪电网络。

此外，红极一时的 IFO 项目还有比特黄金（BTG）、闪电比特币（LBTC）、比特支付（BTP）、比特上帝（GOD）、莱特币现金（LCC）等。

### 2.6.3　IMO（首次矿机发行）

#### 1．IMO 概述

在国内禁止 ICO 之后，IFO 开始盛行起来，光是 2017 年 12 月份冒出来的比特币分叉币就超过 10 种。与此同时，除了 ICO 和 IFO 之外，在国内还兴起了另外一种加密数字货币发行模式——IMO（首次矿机发行）。

首次矿机发行的英文名为 Initial Miner Offering，IMO 与 IFO 具有明显的不同，IFO 是在已有加密数字货币的前提下在原有的生态系统上发行新的加密数字货币，但是并不涉及融资行为，而 IMO 则是利用区块链中的共识机制进行矿机发行并获取融资。

IMO 团队通常会构造一种特定的区块链算法，使得用户只能采用该公司或团队自行发售的专用矿机，才能挖到这种区块链网络上的代币。换句话说，想加入这个币的矿工圈子，就必须先买它的矿机，IMO 团队也就可以借此获取融资。

#### 2．IMO 的发展现状

IMO 比较适合作为传统互联网企业入局区块链行业的途径，目前国内的迅雷、快播、暴风影音都通过 IMO 的方式进入了区块链行业。在自己的应用服务或智能硬件的基础上融入区块链技术，一方面可以与时俱进，转战更加具有发展前景的新兴技术领域；另一方面，其所发行的数字资产也可以促进项目的生态发展。

在 IMO 机制中，常常使用一些有实际意义的工作来代替比特币中没有实际意义的穷举 HASH 运算方式来进行挖矿，使得在挖矿过程中电能没有被白白地浪费掉。但是，也正是由于这种有实际意义的工作是由经营者对工作量进行评价的，因此失去了公平性。

IMO 这种模式也许能够创造一种有意义的加密数字货币，但这种加密数字货币更像是由一家公司直接发行的数字积分（比如 Q 币），并没有任何实际价值。

**3．通过 IMO 方式发行数字货币的案例**

IMO 模式的实质就是通过发行一种专用矿机，通过挖矿来产生新的数字货币。目前已经有了几个成功的案例，比如迅雷旗下玩客云的 WKC 链克币（原玩客币），快播旗下流量宝盒的 LLT 流量币，还有暴风旗下播酷云的 BFC 积分。

由于我国对 ICO 与数字货币交易的监管限制，目前在我国境内通过 IMO 模式发行的矿机，通常并不会用某某矿机命名，而是在挖矿的同时具有其他一定具体的、实际的功能，比如 CDN 共享、云存储、影音播放等。矿机的共识机制一般也要根据这些具体的功能来制定，比如流量宝盒采用 POD 共识机制，不再耗费巨大的能源去比拼算力，而是以贡献网络流量的多少作为分配奖励的依据。对于用户来说，IMO 矿机与其相伴的加密数字货币，更容易在现实社会中使用。

## 2.6.4 IEO（首次交易发行）

自 2019 年三月开始，IEO 席卷了整个加密数字货币行业，撼动了万币沉寂的熊市，将投资者带回了 2017 年的 ICO 黄金年代，让币圈再度热闹了起来。

### 1. 什么是 IEO

Initial Exchange Offerings 意为首次交易发行，缩写为 IEO。一个项目，除了早期私募由机构参与之外，往后的公募和上线交易都在同一个交易所内完成，这就是 IEO 模式。相对于 ICO 而言，IEO 是一种不太为人所知且多样化的众筹策略。

IEO 是一种由加密数字货币交易所扮演中间人角色的、帮助加密数字货币新创项目募集资金的通道。借助交易所的支持，项目方得以设法提高募资项目的曝光度、关注度以及信誉。作为回报，在 IEO 成功之后，项目方会付给交易所一笔上市费以及约定比例的代币服务费，而该项目的代币也会在该交易所上市流通。

在 IEO 过程中，项目方可以要求代币以固定的价格出售，也可以要求每个投资者的代币上限，以防止价格操纵，还可以要求更多来规范这一过程；交易所要求项目方对其项目设置硬性和软性限制，以获得更大的首次交易发行的回报。

### 2. IEO 的优势

与 ICO 的不同之处在于，IEO 发行的代币在募资之前就已经被"铸造"完成。除此之外，IEO 完成后的数天或数周内，即可在交易所进行交易，这为投资者提供了即时流通性的便利。最后，IEO 过程必然会有中间者介入（IEO 发行平台），该中间者受投资者委托处理资金，因此相对于缺乏可信第三方的 ICO 机制而言，IEO 项目更加容易获得投资者的信赖。

2019 年年初，在币圈内颇具影响力的币安（Binance）宣布即将在币安 Launchpad 上线新项目，并表示将每月至少发布一种新代币。而在币安发布此消息的短短两个月之内，BitTorrent（BTT）和 Fetch.AI（FET）两个项目陆续上线 Launchpad，并在短时间内快速完成了 IEO 募资。

产业巨头的举动使得各家交易所纷纷跟进。Huobi 宣布将推出以 Utility Token 为导向的 Huobi Prime，OKEx 宣布将推出一个合规的 IEO 平台 OK Jumpstart，Bittrex 子公司 Bittrex International 也宣布将推出 IEO 平台，众多平台纷利用其品牌及优势推出新产品，一时之间各交易所平台币价格纷纷迎来大涨，IEO 也成为人尽皆知的热词。

选择 IEO 作为募资方式的项目将具有以下优势。

1）审核过程严格：很多交易所的 IEO 程序非常严格，除了严格的上市程序外，项目方还需要支付大笔比特币或以太币，并且耗费数月审核时间。不过如果一家交易所参与了某个项目的 IEO，这意味着该项目已经通过了交易所的基本审核要求，是一个值得投资者信赖的项目。

2）交易所的海量用户：为 IEO 产品选择交易所就意味着项目的基石用户就是当下使用交易所的现有用户，这极大地降低了项目的营销成本。大型交易所的用户基础远远超过大多数新兴数字货币项目的营销活动所能吸引到的用户。

3）增加项目可信性：交易所为实施 IEO 的项目极大地增加了可信性，同时交易所还会确保项目方不会对用户施行欺诈活动或钓鱼企图。

4）减少欺诈发行：欺诈无法完全避免，但是通过 IEO 方式发行的项目至少可以确保项目方不会进行欺诈。

**3. IEO 的局限**

不可否认的是，ICO 的限制及缺陷，确实是催生 IEO 成长的重要因素。对于许多对 ICO 监管较严格的国家，IEO 为项目方提供了另一选项。此外，IEO 项目方所给出的承诺是由交易所的信用来背书的，这在一定程度上增强了投资者及市场的信心。

然而，从另一方面来说，虽然通常平台币会具备充当平台内交易手续费、作为币币交易中介、参与平台内活动、作为支付工具等功能，其特性看似与比特币并无二致，但平台币其实是建立在中心化之上的产物，因为从募资到销售，皆由交易所本身来完成，而一个完全依赖中心化发行方的加密数字货币交易平台，其面临的价格波动、不透明性及人为操作风险，不言而喻。

此外，并非所有人都能自由地参与 IEO 项目。许多国家的法规仍然不完善，由于大部分国家政府仍将 IEO 视同 ICO，主流国家是否采用不同的法规来监管两者仍然是未知数。事实上，包括我国在内的多个国家 ICO 和 IEO 都是被禁止的。

## 2.6.5  STO（证券化通证发行）

**1. 什么是 STO**

STO（Security Token Offering）即"证券化通证发行"，通过证券化的 Token 进行融资。其目标是在合法的监管框架下，进行合法、合规、并且具有传统证券性质的 Token 的公开发行。证券型 Token 持有者享有传统证券性质的权益，如股权、债权、收益权、投票权等。

STO 本质上和 IPO、ICO 并无区别，它们的作用都是用来募集资金，甚至有人戏称 STO 是合法化的 ICO，是更灵活的 IPO。

2018 年 9 月 11 日，一位名叫 Stephane 的以太坊开发者公布了一项新提案"ERC1400"。这位技术人员设计了一套通用接口，将 Token 的互换性与证券业务场景结合起来以方便用户以合法合规方式在以太坊网络发行证券。

STO 与 ICO 最大的区别在于监管，ICO 基本没有法律监管，STO 强调法律监管和监督。STO 的发行需要加强监管和监督，这就意味着投资者拥有了更多的保护和权力，也增加了 STO 项目的透明度。更重要的是，这些 STO 代币的性质意味着它们在法律和监管方面的处理方式截然不同。因为它们可以从实际证券中获取价值，所以 STO 可被视为投资，这也为几乎所有领域的公司和项目打开了新的大门。

相比起 ICO，通过 STO 发行的代币是实际的金融证券，因此投资者的公司资产、利润或收入等有形资产均可作为 STO 代币的依托。STO 代币最大的特点是与现实中的某种金融资产或权益，比如公司资产、股权、债权、分红权等对应起来，处于有效的监管之下。

STO 积极配合监管部门的监管，使融资更加透明和容易被投资人信任。STO 禁止超大额和超小额交易、具有交易黑名单功能，满足监管层所要求的实名认证（KYC）和反洗钱（AML）的合规性要求，确保了公司和投资者的参与透明度。

STO 降低了用户的准入门槛，任何人、任何资产都能参与其中。这意味着规模较小、刚刚起步的公司就可以快速筹集资金而无须支付高额融资费用，这就大大地提升了项目的灵活度。

STO 像是一种介于 IPO 和 ICO 中间的筹款工具，它融合了两者的优点，为投资者规避了大量风险，既具有证券属性，也利用区块链技术实现了更高效的运行。随着 STO 渐渐形成潮流，人们可以更自由地交换、转移和变现自己的财产和权益，更轻易地证明资产的所有权和使用权，同时催生出某些新的商业模式。

目前美国、新加坡、欧盟等国家和地区对 STO 的监管要求不尽相同，有着各自的标准。而在我国的监管框架之下，STO 在本质上是一种在我国未经批准的公开融资行为，是违法行为。换句话说，STO 仍适用 2017 年 9 月 4 日七部委发布的《关于防范代币发行融资风险的公告》的监管范畴：代币发行融资是一种未经批准非法公开融资的行为。所以目前在国内发行 STO 是不被允许的。

**2. STO 的特性**

STO 正在成为全球企业私人股本和风险资本融资的一个强大而有价值的替代品，对于那些寻求融资的初创公司来说，STO 非常值得仔细研究。那么是什么让 STO 对企业主们更有吸引力呢？

（1）获得全球资本的机会

从历史上看，接触外国投资者在很大程度上是那些有能力承担相关成本和风险的老牌公司的专利。然而，STO 不受地理边界的限制，这意味着无论多大规模的公司，都可以通过互联网向更多的投资者展示自己。

通过 STO，任何用户都可以在任何时间和任何地域以任何规模的资金，投资他认为具有价值的证券型通证产品，这就增加了优质资产的全球流动性。

（2）较低的发行成本

STO 可以用来确权许多资产、商品和金融工具，并进行全球发行。这意味着，规模较小的公司有机会从全球迅速筹集大量资金，而不必承担高额的成本，特别是法律费用。

（3）更低的发行门槛

与从风投公司筹集资金的形式相比，STO 的方式更有利于创业公司融资。

首先，创业公司不必放弃对公司或董事会席位的控制。这使管理团队在做出商业决策时处于更有利的地位，其次，创业公司可以出售普通股而不是优先股。这实际上让管理层和其他普通股东在他们的公司中保留了更高的持股比例，而股息权利将授予普通证券代币持有人，这将保证投票权的高度集中。

（4）更大的受众基础

当资产所有者可以向任何互联网用户提供交易时，潜在的投资者群体将大幅增加。此外，股权、房产、贵金属、美术作品及音乐版权等传统资产都可以用来做 STO。并且，由于发行 STO 的门槛的降低，使得大量资产可以在资本市场登陆和交易，从而增加了资产变现流通的渠道。

不过，虽然 STO 有很多好处，但这种融资方式并不适合于所有人。首先，作为一个新事物，将 STO 的证券代币作为一种证券来对待仍然存在不确定性。其次，如果没有一个长期的试验过程，STO 的长期表现到底如何还存在未知。第三，监管机构可以随时介入，并通过合规裁决影响市场，就目前的情况而言，对证券代币进行更密切的审查有可能使步骤变得更加烦琐。最后，STO 的运营企业并不能幸免于黑客的威胁，数据的安全性问题仍然存在。

**3．STO 发展现状**

成立于 2018 年的 Polymath 是一个帮助资产实现 STO 的平台。它提供证券类通证的底层协议（ST-20），允许个人和机构投资者完成合格投资者认证，允许合法投资人在符合政府规定的前提下参与STO。

在 Polymath 的平台上，汇集了 KYC 服务商、法律顾问、开发者以及投资者。Polymath 协议致力于助力完全合规的 STO 的发行，该协议将金融监管的需求嵌入到了通证的设计中，实现了在区块链网络上发行和交易证券类资产的无缝体验。

STO 的案例目前为止已有不少，据 token.security 网站数据，目前进行或参与 STO 的公司超过 100 家。这之中不只有区块链领域的交易所、基金和项目方，一些来自人工智能和生物科技等领域的公司同样实施了 STO。

tZERO 是最早进行 STO 的公司，甚至说是它发起了 STO 也不为过。tZERO 是美国电商平台 Overstock 的全资子公司。Overstock 在2014 年估值 10 亿美元的时候接受了比特币支付。Overstock 很早的时候就布局了区块链领域，而区块链基金 tZERO 就是其中较为重要的一家公司。

Overstock 另辟蹊径，建立了一个合规的证券交易所，然后再对此证券交易所进行区块链"改造"。然后，Overstock 以代币的形式增发了一批股票，并得到了 SEC（U.S.Securities and Exchange Commission，美国证券交易监督委员会）的认可。在不到九个月的时间里，tZERO 共发行了将近 2500 万个代币，融资 1.34 亿美元。2018 年 10 月 12 日，区块链基金公司 tZERO 公开表示，已完成证券代币的发行。

购买 STO 最便捷的途径就是从 STO 交易所购买。目前来说，STO 交易所大致分为三类，加密数字货币交易所转型而成的 STO 交易所、传统证券交易所转型为 STO 交易所和专为 STO 设立的新型交易所。三种交易所都将纳入国家监管机构的监督监管下，这为投资者们购买加密数字货币提供了强有力的法律保护。

目前为止，STO 交易所已有近 10 家，且大都在美国。其中较为出名的交易所有 Coinbase、tZERO 和 Bancor 等。

### 4. STO 与央行数字货币（CBDC）

通过 STO 发行的代币可以使持有者拥有公司的某种所有权益，并且被美国证券交易委员会（SEC）合法监管，还要经过 KYC（客户调查）、AML（反洗钱）、合格投资者审查等环节。

CBDC（Central Bank Digital Currency，央行数字货币）是国际货币基金组织 IMF 对于央行数字货币的统称，目前泛指各主权国家央行所发行的央行数字货币。对于央行数字货币的定义，普遍采用 IMF 所给出的论述："CBDC is a new form of money, issued digitally by the central bank and intended to serve as legal tender."，即央行数字货币是一种新型的货币形式，由中央银行以数字方式发行的、具有法定支付能力的数字货币。

从定义层面可以看出，央行数字货币是法定货币的数字化，即资产数字化的一种表现形式，因而可以把央行数字货币算作是 STO 代币的一种。

目前各国都在积极开展数字货币支付系统的研发，这些支付系统大多基于区块链技术。欧洲和日本央行实施的 Stella 项目，将分布式账本技术（DLT）应用于金融市场基础设施中；加拿大的 Jasper 项目，试验基于区块链技术的大额支付系统；新加坡的 Ubin 项目，评估在分布式账本上以数字新元的代币形式进行支付结算的效果；此外，我国香港的 Lion Rock 项目、泰国的 Inthanon 项目等均是基于区块链技术。随着各主权国家央行数字货币逐渐落地，传统商业银行也将成为 STO 项目的发行机构。

商业银行与央行间流通的准备金和货币市场的现金一直是流动性的关键，央行数字货币发行的重点在于"兑换"。自上而下来看，为保证数字货币的发行和回笼且不改变央行货币发行总量，商业银行存款准备金和数字货币之间有等额兑换机制：在发行阶段，中央银行扣减商业银行存款准备金，等额发行数字货币；在回笼阶段，中央银行等额增加商业银行存款准备金，注销数字货币。商业银行或其他金融机构再向市场以类似的方式来发放和回收数字货币，同时银行间和市场间也可以进行数字货币的兑换。若从自下而上的角度，不难发现，所谓央行数字货币并不是被某一机构"发行"出来的，而是公众用手里的现金"兑换"出来的。

因此，传统上实物货币受制于印钞造币环节的问题得以解决，数字货币的"印钞造币"可以瞬间完成，这就使得交易环节对账户的依赖程度大为降低，对于人民币的流通和国际化十分有利。同时数字货币可以实现货币创造、记账、流动等数据的实时采集，为货币投放、政策制定与计划实施提供有益的参考。

## 2.7  数字货币的流通渠道

### 2.7.1  央行数字货币的流通渠道

央行数字货币是商业银行及依托于商业银行基础之上的支付工具，可以经由中央银行和商业银行直接触达终端用户。央行数字货币的流通渠道就是商业银行及依托于商业银行基础之上的第三方支付工具。

以目前中国人民银行正在测试发行的央行数字货币 DC/EP（英文全称是 Digital Currency/Electronic Payment）为例，其主要定位是以数字化的人民币取代流通中的人民币现金。

虽然都被称为数字货币，但是我国央行正在测试的央行数字货币和非央行数字货币相比，在稳定机制、基本用途、使用范围以及监管机制等方面都存在较大的差异。

首先，从稳定机制上来看，我国的央行数字货币是完全建立在央行和政府信用基础之上的，以国家法定强制力保证其流通，不涉及和外币的交换，因此具备价值稳定的基础。

第二，从基本用途来看，我国的央行数字货币目前的定位是发挥交易中介职能，为避免和商业银行的不对称竞争，我国央行暂不对央行数字货币支付利息，因此目前其尚不具备作为投资资产的价值。

第三，从使用范围来看，我国的央行数字货币目前只是在国内替代人民币现金使用，同时其发行也主要依赖现有的商业银行体系，不会对国内金融体系和国际金融市场造成直接冲击。

第四，从监管角度看，我国发行的央行数字货币虽然通过商业银行渠道发行，但却是中央银行自主进行的货币政策行为，不存在监管风险。

## 1. 商业银行

从央行数字货币设计完成到被民众普遍接受，再到部分替代现金，商业银行在这一过程中将扮演重要角色。商业银行具备成熟的信贷网络基础设施、支付网络基础设施以及较为完善的 IT 服务系统，在央行数字货币的二元模式下，央行为发行方，商业银行为分销商。

对商业银行而言，未来随着央行数字货币的发行，商业银行作为重要参与方，不仅承担的角色会发生升级改变，技术、渠道、场景建设以及风险管控多个方面或都将受到影响。主要体现在：一是降低商业银行经营成本。央行数字货币是 M0 的替代，增加多少数额的央行数字货币将减少多少数额的 M0，这将显著减少商业银行的现金管理成本；二是有助于提升商业银行信用评估能力，降低反洗钱成本，推动商业银行 IT 技术在安全存储和高效执行方面的投入，增强商业银行体系征信能力、KYC（Know Your Customer）能力、反洗钱（AML，Anti Money Laundering）能力；三是提高支付结算效率，缩短结算时间，尤其是在跨境支付结算中能够帮助交易双方克服时差的影响，降低跨境支付结算的成本；四是在数字货币中心化管理模式下，商业银行将会新增表外业务，包括代理央行数字货币发行、数字货币钱包托管等业务；五是数字货币小额支付加场景应用需求的特点可以为零售业务提供广阔的发展空间和多元化的发展方式。

目前，中国银行、农业银行、工商银行、建设银行四大商业银行均已开始筹备并落地数字货币相关基础设施和业务，其他大型股份制商业银行也在积极跟进。其中，工商银行申请了"数字货币代理发行额度控制系统及方法"的专利；农业银行积极推动金融数字积分系统建设，并于近期开始内测央行数字货币钱包；中国银行早在 2017 年便上线基于分布式账本技术的 BOCwallet 电子钱包；建设银行在 2018 年上线区块链贸易金融平台。

随着金融科技技术的不断进步，央行数字货币的正式发行已呼之欲出，未来的央行数字货币发行将会采取"中央银行—商业银行"的二元信用发行机制，商业银行会深度参与数字货币发行、流通全过程。考虑到前期系统更新换代及后期维护都需要投入大量资金，因此商业银行之间、银行与金融科技企业、银行与政府之间都必须加强合作，建立统一的标准，以形成规模效应，降低运营成本，增强整个金融体系的安全性和稳定性。

## 2. 第三方支付

第三方支付在本质上是商业银行的渠道延伸。推出央行数字货币，代表的只是基础货币形式的变化，即从有形的法定货币形式演变为无形的数字货币形式，但原有货币管理系统不会发生太大变动，因而第三方支付机构同样是央行数字货币的重要流通渠道之一。同时货币的支付渠道和场景也不会出现大的变化，由此决定了第三方支付与商业银行之间是合作关系，央行数字货币作为支付手段依旧是多元化且相互兼容的，其流通载体也同样不会全面脱离第三方支付渠道。

在央行数字货币支付体系中，第三方支付运营商的角色仍然十分必要。数字货币支付体系中第三方支付运营商的角色不会消失。不过，由于网络资源、流通渠道、基本职能高度重合，央行数字货币与支付宝、微信支付等第三方支付工具具有一定的竞争关系，并且在实质上具有较为明显的优势。

因为有国家信用背书，央行数字货币获取了无限法偿性特征，也就是任何交易场景都必须无条件接收，与此不同的是，第三方支付存在业务壁垒，不同平台间存在互不认可与间隔障碍，如支付宝与微信之间不能互相转账；另外，央行数字货币代表的是M0，就好像是用户在线下使用纸币一样，无须经过任何中间环节就可完成支付，但若通过第三方支付，此时的央行数字货币首先必须从商业银行转账获取，然后支付过程要经过清算流程，因此第三方支付工具中的央行数字货币其实是M1和M2；更重要的是，央行数字货币采取的是松耦合模式，即用户既可以将数字钱包与银行账户绑定，也可以依靠数字钱包独立运行支付，这样在依托线上支付的同时，央行数字货币还可以离线支付，比如手机与手机之间"碰一碰"就可以完成转账。

与央行数字货币不同的是，第三方支付采取的是紧耦合模式，所有支付须绑定银行账户进行，而且必须采取在线交易。因此，从支付效率看，央行数字货币作为支付手段要比第三方支付简便与快捷得多。正是如此，央行数字货币可以被看成是可以覆盖全场景的"超级钱包"。央行数字货币采取的松耦合账户管理模式，使许多原来凭借现金支付的用户可以轻松转化为央行数字货币的用户，这部分群体成为第三方支付厂商要争取的重要对象。不排除像平安壹钱包、苏宁支付以及拉卡拉等处于第二阵营甚至更多的中小支付机构通过自己的创新抢夺这部分增量用户。

由此，就我国第三方支付市场而言，支付宝与微信支付的垄断格局可能被打破，并形成"两超多强"的第三方支付市场新格局。需要强调的是，央行数字货币需要更强大的技术响应与场景拓展能力，护卫存量市场与拓展增量市场，第三方支付机构未来一定会在智能化、个性化、快捷化以及安全性上投入更多的力量和资源，竞争的升级也会不断加速第三方支付机构的洗牌与重组。

## 2.7.2 非央行数字货币的流通渠道

非央行数字货币是相对央行数字货币而言的、不由各主权国家中央银行发行的数字货币，比如比特币。

就非央行数字货币来讲，其流通渠道主要有三类，分别是数字货币钱包、数字货币交易所和 OTC 供应商。

**1. 数字货币钱包**

（1）数字货币钱包概述

数字货币钱包是指用于存储和管理用户数字货币密钥的应用程序。数字货币钱包是数字货币最主要的流通渠道，是链上流通的唯一渠道。

数字货币钱包并不是用来装钱的，也不是用来装比特币等数字货币的。从技术层面上讲，数字货币钱包就是用来存放私钥的工具，拥有了私钥就意味着拥有了所对应地址上的数字货币的支配权。

作为提供用户界面的应用程序，数字货币钱包具有控制用户访问权限、管理密钥和地址、创建和签署交易以及跟踪余额等功能。接下来，以比特币为例，介绍数字货币钱包中的各项技术机理。

在比特币钱包中，经常出现三个词：私钥、公钥和地址，它们经常被一同提起。一个比特币钱包中包含一系列的密钥对，每个密钥对包括一个私钥和一个公钥。私钥是一个数字，通常是随机选出的。有了私钥，就可以使用椭圆曲线乘法这个单向加密函数产生一个公钥。有了公钥，就可以使用一个单向加密哈希函数生成比特币地址，三者的产生关系如图 2-19 所示。

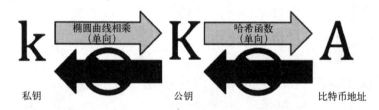

图 2-19　私钥、公钥和比特币地址之间的关系

通过非对称密码学的适用性可以使得任何人都可以验证每笔交易的每个签名，同时确保只有私钥的所有者可以产生有效的签名。

私钥是对一个比特币地址拥有取钱权限的代表，掌握了私钥就掌握了其对应地址上比特币的支配权。私钥可以算出公钥，公钥可以再算出比特币地址。每次交易的时候，付款方必须出具私钥，以及私钥产生的签名，每次交易签名不同，但是由同一个私钥产生。通常我们所看到的私钥是下面这样一串字符。

KYZdUEo39z3FPrtuX2QbbwGnNP5zTd7yyr2SC1j299sBCnWjss5

支持比特币协议的应用都可以正确地把这段字符串转换成比特币的私钥，再转换出公钥，然后得到一个地址，如果该地址有对应的比特币，就可以使用这个私钥支配上面的比特币。

私钥本质上是一个随机数，由 32 个 byte 组成的数组，1 个 byte 等于 8 位二进制，一个二进制只有两个值 0 或者 1。所以私钥的总数接近 $2^{256}$ 个，这个数量已经超过了宇宙中原子的总数，想要遍历所有的私钥，现有技术条件下几乎是不可能的。私钥要想通过技术手段攻破，或许要等量子计算机技术成熟之后了。

通过椭圆曲线乘法可以从私钥计算得到公钥，这是不可逆转的过程：K=k×G。其中 k 是私钥，G 是被称为生成点的常数点，而 K 是所得公钥。其反向运算，被称为"寻找离散对数"（已知公钥 K 来求出私钥 k）是非常困难的，就像去试验所有可能的 k 值，即暴力搜索。因此私钥的所有者可以很容易地创建公钥，然后与世界共享，知道没有人可以从公钥中反转函数并计算出私钥。这个数学技巧成为证明比特币资金所有权的不可伪造和安全的数字签名的基础。

公钥是用来验证私钥的签名，一般很少会看到公钥，使用私钥签名交易之后，会把自己的公钥一起和交易发送出去，这样对于一个完整的交易来说，就是使用交易里包含的公钥验证私钥的签名是否正确的过程。

比特币地址是一个由数字和字母组成的字符串，可以与任何想给你比特币的人分享。在交易中，比特币地址通常以收款方出现。比特币地址的产生过程如图 2-20 所示。

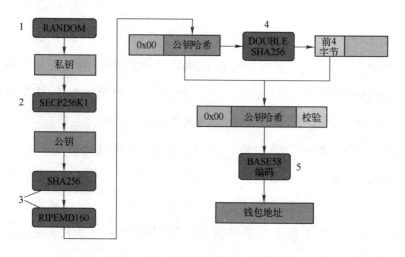

图 2-20　比特币地址的产生过程

（2）数字货币钱包的分类

数字货币钱包（以下简称钱包）作为私钥的存放场所，以及支配个人数字资产的工具，其功能不仅仅局限于数字货币的存储与交易，钱包商们开发出了各种不同种类与功能的钱包。

1）非确定性钱包与确定性钱包。

根据多个密钥是否相关联，可以分为两种不同类型的钱包。第一种是非确定性钱包，其中的每个密钥都是由随机数独立生成的，密钥彼此无关。另一种是确定性钱包，其中所有的密钥都是从一个主密钥派生出来，这个主密钥即为种子（seed）。该类型钱包中所有密钥都相互关联，如果有原始种子，则可以再次生成全部密钥。

2）中心化钱包与去中心化钱包。

根据私钥是否为资产所有人持有，钱包分为中心化钱包与去中心化钱包。顾名思义，去中心化钱包即私钥由个人所持有，而中心化钱包则是资产由中心化机构托管，私钥非个人持有的钱包。

中心化钱包的私钥通常由钱包商控制，有些情况下多个用户的资产存储在一个地址中。当用户发起交易指令时，是由钱包商控制私钥向目标地址发送交易。因此，中心化钱包引入了第三方信用机制，其交易属性也并非一个点对点的电子现金系统。

去中心化钱包是指私钥由数字资产所有人持有，钱包商不会（实际不能）持有私钥以及操纵钱包中数字资产的交易的钱包。去中心化钱包本身不对交易数据进行存储，它只负责把处理好的支付信息发布出去，以及读取区块链上的交易记录等信息，同时把余额显示在应用的界面上。

去中心化钱包在数字货币领域用途更为广泛，它不仅是资产储存的工具，而且基本上每一款 DAPP 都需要去中心化钱包的运行才可以进行。相较于中心化钱包，去中心化钱包去掉了第三方信用机制，每一笔交易都是由持有人亲自操作，并且记录在链。

去中心化钱包的优点在于资产完全交由用户自己控制，资产信息记录在链，除非掌控私钥，没有人能够拿走。其缺点主要是私钥不容易保管，容易被盗或者丢失。另外，去中心化钱包并不是绝对安全的，在生成私钥的过程中，可能钱包的载体比如手机或者钱包商会留有后门，盗窃私钥。常见的去中心化钱包包括：Imtoken、trust wallet 等。

3）热钱包与冷钱包。

热钱包指的是联网的钱包，因为其无时无刻都连入网络，所以可以便利地进行资产的转入和转出热钱包。热钱包包括全节点钱包与轻钱包，它们都是去中心化的钱包，其区别在于是否保存所有的区块链数据。

● 全节点钱包。全节点钱包不仅保存私钥，也保存了全部的区块链数据，这样就可以在本地直接验证交易数据的有效性。全节点钱包不仅具有钱包的交易功能，更是行使了对于区块链数据真实性的监督权，像挖矿节点更是可以直接参与记账。对于一条区块链来说，全节点越多，账本的篡改难度越大，去中心化程度也就越高。全节点钱包的优点在于更好的隐私性以及更快的验证交易信息的速度。但它的缺点也比较明显，比如占用了较多的硬盘空间，每次使用前需要同步数据，新手体验不够好，以及不支持多种数字资产。最常见的全节点钱包是 Bitcoin Core，该钱包可以到比特币官方论坛 Bitcoin.org 上下载。

● 轻钱包。轻钱包并不保存比特币网络的全部数据，只保存与自己相关的数据，所以体积很小，可以保存在手机、计算机、网页中。轻钱包是目前数字货币用户应用最为广泛的钱包，虽然它的验证交易会稍微慢一些，但是并不影响正常使用，但是用户体验感非常好，体积小，不占用空间以及很多轻钱包支持多种数字资产，并且在此基础上演化出了很多功能。

冷钱包是指不联网的钱包，它不需要联网也可以处理交易。其技术原理是：冷钱包在处理交易信息时并不需要联网进行，而是在本地设备上进行，加密后的交易信息的数据传输才进行联网操作，通过联网的设备扫描冷钱包生成的二维码或者通过 U 盘传递数据获得交易信息后再发送出去，这样一笔交易就完成了。

通常来说，冷钱包是安全性能最高的钱包，只要私钥永远不联网，就无须担心黑客通过网络盗窃私钥。硬件钱包就是冷钱包的一种，是专门用于数字资产储存和交易的智能硬件。硬件钱包将私钥存储在离线硬盘里，隔绝网络，更加安全。目前硬件钱包也有热钱包和冷钱包之分，原理和手机 App 大体一致。目前常用的硬件钱包有 Ledger、库神、比特护盾等。以比特护盾为例，团队将钱包做成手表形状，便于佩戴，同时用户可以根据手机端的 APP 监控并使用数字资产，使用数字资产必须要与手表相配合，保障了资产的安全性与易用性。

4）其他类别的钱包。

● 观察钱包。由于冷钱包是不联网的，在向冷钱包的地址中发送比特币进行交易时，即便到账了也无法看到账户信息以及钱包中的具体余额。观察钱包就是一种提供观察冷钱包中资产变动的钱包。观察钱包如图 2-21 所示。

图 2-21  观察钱包

● 网页钱包。网页钱包是指在网页中创建和使用的钱包，目前应用最广泛的网页钱包是 MyEtherWallet，此外还有 blockchain. info 等。MyEtherWallet 如图 2-22 所示。相较于其他钱包，网页钱包的功能更加丰富，使用更加方便快捷，无须安装应用程序，可以跨平台，导入私钥即可使用。

图 2-22 MyEtherWallet

● 浏览器插件钱包。浏览器插件钱包以浏览器插件的形式存在，常见的浏览器插件钱包有 Chrome 浏览器的 Metamask 钱包插件。Metamask 钱包插件如图 2-23 所示。使用浏览器插件钱包可以用于各种 DAPP 的网页支付，以及参与 ICO 等。像加密猫这种应用，在进行游戏中的链上操作时，需要通过 MetaMask 钱包。

图 2-23 Metamask 钱包插件

● 简易钱包。既然钱包只是一个存放私钥的场所，那么很多简单的区块链应用实际上就是一款钱包。这种简易钱包在BCH这种灵活自由的点对点的电子现金系统中非常常见，基于 BCH 开发出的很多灵活转账的应用，实际就是简易钱包。

● 单链钱包和多链钱包。根据钱包中所包含公链的数量，可以分为单链钱包和多链钱包。像主要存放ETH以及 ERC20 的代币的imToken1.0，就是一款单链钱包（单币种钱包），而比特派可以存放BTC、ETH、BCH、EOS 等币种，则是一款多链钱包（多币种钱包）。

● 单签名钱包和多签名钱包。根据私钥的控制方式，又可以分为单签名钱包和多签名钱包。单签名钱包是私钥由一人控制的钱包。而多签名钱包中，要使用其发送交易则需要多个人的私钥签名，有点类似于很多重要资金账户的保险柜，要三把钥匙中的两把同时作用才能够打开。

**2. 数字货币交易所**

数字货币交易所是数字货币最便捷的流通渠道，是其与其他类型的数字资产和数字货币进行交换的主要场景。数字货币交易所是加密数字货币交易流通和确定价格的场所，是加密数字货币产业链中盈利能力最强的环节之一。数字货币在数字货币交易所内进行交易时往往不会立刻上链，而是在交易所数据库内进行盘清结算，只有等到用户需要提现数字资产的时候才会将数据上链。

（1）数字货币交易所概述

顾名思义，数字货币交易所是进行数字货币交易和兑换的场所，其主要功能是资产管理、撮合交易及资产清算。不管是货币、资产还是商品，它的价格都只能在市场交易中实现，而市场交易最有效的方式就是在交易所公开买卖，因而数字货币交易所也具有为数字货币定价的功能。

和传统金融体系里的交易所发挥的作用一样，数字货币交易所起到三大核心作用：促进交易、确定价格和价值流动。但是，数字货币交易所和传统交易所有许多显而易见的不同，数字货币交易所天生具有无国界、可以 24 小时不间断交易、投资者进入门槛低等特点。

（2）数字货币交易所的市场规模

从 2010 年世界上第一个数字货币交易所出现，到 2017 年 6 月，全球已有 4000 多家交易所。此后交易所数量增长呈爆发之势。截至 2020 年 1 月初，全球数字货币交易所已经超过了 3 万余家，甚至比加密数字货币的种类还多。

数字货币交易所的发展态势明显呈现出以下几个阶段。

第一阶段：2017 年 9 月 4 号之前，国内 OKCoin、火币和比特币中国三家数字货币交易所独大，聚币、云币、比特儿等交易所紧随其后。

第二阶段：2017 年 9 月 4 号之后，根植于海外市场的币安（Binance）把握时机，极其坚决地转向海外币币交易市场，迅速超越 OKCoin、火币和比特币中国成为全球第一大数字货币交易所。

第三阶段：为了应对激烈的竞争，平台币和交易对分层迅速成为数字货币交易所运营的新手段，代表性的事件是 Hadax 的推出。火币推出的 Hadax 代表着数字货币交易所的竞争由主流币的竞争转向了小币种的竞争。

第四阶段：在未来，数字货币交易所将是全球化和分布式的交易所，并且日益聚焦。数字货币交易所不再什么都做，而是专注于实时的、动态的流量获取和自身运营。同时数字货币交易所的运营已经从单纯的线上开始转到线下，韩国、日本的数字货币交易所已经在积极接入线下商户的加密数字货币小微支付，构建线下流量和生态体系。

截至 2020 年 1 月，全球数字资产品种已达十几万种，全球加密数字货币市场单日总交易额约为 2000 亿元人民币，约为 2018 年年初巅峰期的 1/3。全球加密数字货币市场在经历了一轮超级大牛市和长达两年的熊市之后，逐渐回归到 2017 年的水平。全球最大的数字货币交易所——币安（Binance）单日交易手续费收入超过 300 万美元，年交易手续费收入超过 10 亿美元。此外，单日手续费超过 100 万美元的还有火币、Bittrex、Bithumb 和 OKEx，数字货币交易所的盈利能力十分惊人。

（3）数字货币交易所的法律监管

2010 年到 2016 年间，数字货币交易所诞生，并发展成为连接两个世界的桥梁：一端连接监管严格的传统金融世界，另一端连接迅速发展的数字货币体系。大部分用户在数字货币交易所用法币购买获得了数字货币。数字货币交易所是数字货币行业的进出关口，是传统金融体系和数字货币行业的交汇点。

数字货币本身具有便携性、匿名性、去中心化的特点，因而会被不法分子用于网络犯罪、电信诈骗、洗钱和其他非法活动，因此数字货币交易所有时候也成为助长犯罪的场所。

大多数国家的监管层对数字货币交易所都保持着高度警惕，只有少数几个国家（如日本、韩国）有正式颁发数字货币交易牌照，大部分国家还在研究如何监管数字货币交易所，一些国家（如我国）甚至直接对数字货币交易所进行了封禁。

所有的国家都对跟数字货币交易所有联系的银行和支付公司，实行严格的 AML（反洗钱）和 KYC（了解客户）的监管。这就导致大部分金融机构由于害怕惹上麻烦和风险，对数字货币交易所退避三舍，只有极少数银行和支付公司愿意向数字货币交易所提供金融服务。

对于数字货币交易所，全球没有一个统一的监管政策，绝大部分国家都还在摸索和观察。

从数字货币交易所的角度来看，其对监管的态度很矛盾：一方面，它们希望被监管成为合规的交易所，从而能对接传统的金融机构，以便接受金融服务，同时还可以创造出更多的数字货币产品，以满足更多人的需要，开拓更广泛的市场；另一方面，目前的数字货币交易所大多由非金融团队在运营管理，部分数字货币交易所的做法很不规范，存在数据造假、操纵市场、内幕交易等问题，这都严重违背现有的金融法规，因此如果真的合规化运作的话，这部分数字货币交易所将会难以为继。

所以仅有少数数字货币交易所坚持合规路线，其他大部分都在躲避监管。

事实上很多排名靠前的大交易所，其主要收入都来自于不受监管的币币交易。很大一部分交易所公司主体的注册地都在无监管或者监管宽松的地方，比如世界前三大交易所中，币安（Binance）的注册地在马耳他。火币（Huobi）的注册地从国内迁到新加坡，OKEX的注册地从中国内地迁到中国香港。

有些交易所则一直坚持合规合法运行，因此提供的交易品种非常有限，同时承担着巨大的合规成本，比如注册地在加州的美国著名法币交易所 Coinbase，Coinbase 在美国绝大部分州都拥有相关牌照并且受到相应的监管，然而其交易量只排到全球 20 名左右，提供的数字货币交易品种只有 7 个（数字货币和美元的交易），直到 2019 年 4 月才开通币币交易，这和其他排名靠前的交易所动不动就拥有数百种左右的交易对相比，差距很大。但是其优点在于合规，这一点让诸多投资人和机构都比较放心在 Coinbase 上进行交易。这也让 Coinbase 赢得了参与 Facebook 发起的 Libra 联盟的资格，成为 Libra 创始成员中唯一的一家数字货币交易所。

还有一部分数字货币交易所只做场所交易（OTC，Over The Counter）业务，把 KYC 和 AML 的任务转移给交易者而不是交易所本身，比如比较出名的 OTC 服务商 localbitcoin。

大部分国家的数字交易所业务没有监管，不需要牌照，因此进入门槛很低，只要一个交易网站，配上交易系统，就能运行交易所的基本功能。在 coinmarketcap 网站上，列出了 220 个提供交易数据统计的交易所。在这 220 家数字货币交易所里，前 20 家交易所就占有 45% 甚至更高比例的交易量。

（4）数字货币交易所的安全隐患

安全是数字货币交易所的核心和关键。数字货币是一串数字，大部分人将其放在交易所的数字货币钱包里，只有少部分人会将其转移到自己的私人数字货币钱包。所以数字货币交易所的钱包就是一个宝库，自然成为黑客的首选目标。

偷取数字货币交易所的数字货币的回报和风险相比实在太诱人了：数字货币价值高，匿名性强，难以追踪，交易不可逆，而且普遍还未受到各国法律保护。现在黑客偷取数字货币交易所的数字货币，已经从独行侠行为转为集团化运作模式，并且从偶发的事件变成常态化的黑客试图攻击行为。

近年来黑客入侵数字货币交易所的频发事件，最著名的是 2014 年 2 月，当时全球最大的交易所 Mt.Gox 被入侵，损失 3.5 亿美元的等值数字货币，导致 Mt.Gox 破产倒闭。但这还不是最高的损失额，2018 年 1 月，Coincheck 交易所被黑客入侵，损失 4.96 亿美元等值数字货币。巧合的是，这两家数字货币交易所都设在日本。

但是实际上，黑客入侵数字货币交易所的次数比大众知道的还要多，因为对于很多黑客入侵事件，交易所都极力隐瞒，不对外披露。毕竟交易所的安全性非常重要，任何这方面的污点都会引起用户的担心，从而影响业务发展。这也是不受监管的交易所的弊端——用户和大众只能知道数字货币交易所想要让大家知道的事。

区块链技术的一个特性是去中心化，但目前，数字货币交易所绝大多数却是中心化的。中心化的数字货币交易所除了监管困难以外，大量的黑客攻击事件已经证明，它们的网络安全也是问题。据统计，仅 2017 年就发生了数十起影响重大的黑客攻击事件，损失金额在 5 亿美元左右。

那么什么是中心化的数字货币交易所？

中心化的数字货币交易所是能让用户通过传统法币或主流加密数字货币进行交易的平台，是重要的流量入口，在币圈生态中扮演着重要的角色。这也是为何各个项目方挤破脑袋，想要将自己的项目上线到大型数字货币交易所的原因。

中心化数字货币交易所凭借自身信用为用户担保。这种运作方式意味着，交易所是巨量用户资产的保管者，其服务器上存储着数以亿计的交易数据，这对黑客极具吸引力，所以中心化数字货币交易所有着资产被盗的安全隐患。此外，中心化数字货币交易所的另一大问题是交易的不透明性，而且在买卖单高峰期，高延迟现象已经成为常态。

那么有没有比中心化数字货币交易所更好的选择？答案就是遵循区块链精神的去中心化数字货币交易所。

去中心化数字货币交易所的典型特点就是用户除了在区块链上的账户公钥（即身份），无须再向交易所注册个人信息，故而不存在隐私安全问题。另一方面，用户的资产托管于智能合约，一旦资金被纳入智能合约，那么只有拥有账户私钥的人才能接触该资金，只要用户保管好私钥而不被恶意第三方知晓，就能保证资金安全。当资金发生转移时，智能合约根据指令自动操作，无须人工审批。

去中心化数字货币交易所的核心优势之一是避免任何资产被托管，用户对自己的资产拥有绝对的所有和控制权，因此资产被盗的可能极低（除非自己泄露的私钥）。

简单来讲，去中心化数字货币交易所对用户来说最大的优点是安全和公平，交易费用也低。它通过在区块链上直接构建 P2P 的交易市场，让用户自己保护私钥和账户资金，从而解决中心化数字货币交易所带来的弊端。目前比较知名的去中心化数字货币交易所有 Bitshares——去中心化数字货币交易所中比较成熟的一个；CYBEX——Bitshares 的改革者；EtherDelta——老牌的去中心化数字货币交易所，完全的 on-chain 交易；UniSwap——新锐的去中心化数字货币交易所。

**扩展阅读："门头沟"事件**

（1）Mt.Gox 的起源

Mt.Gox 由美国程序员 Jed McCaleb（后来创建了 Ripple）于 2010 年创建，是一个著名的比特币交易所，国内区块链圈子因其中文译音戏称其为"门头沟"——北京市的一个地名。在 2011 年 3 月份，一位来自法国的开发者及比特币爱好者 Mark Karpelè 从 Jed McCaleb 手上买下了这个交易所。Mt.Gox 由 "Magic The Gathering Online eXchange" 这几个单词的首字母组成，意思是"神奇的在线交易平台"，巅峰时期全球大约有 70%的比特币交易由 Mt.Gox 处理。

（2）第一次黑客攻击

Mt.Gox 在 2011 年就受到了黑客攻击，此事件是整个币圈众所周知的事情。这起黑客事件的起因可能是该公司一个审计师的计算机最先受到了黑客的攻击，黑客利用交易所访问权限人为地将比特币的票面价值篡改为 1 美分/枚，之后又从该交易所的用户账户中转移走了两千个左右的比特币。

不过，尽管 Mt.Gox 在 2011 年受到了黑客攻击，但是该交易所仍然迅速扩张，到 2013 年已经成为世界上最大的比特币交易所，其交易量约占全球比特币交易总量的 80%。

（3）"门头沟"事件

导致 Mt.Gox 崩塌的黑客攻击事件 ——"门头沟"事件，至今仍笼罩在一片神秘之中。

2014 年 2 月 7 日，Mt.Gox 暂停了所有比特币提币服务。该交易所在给出的声明中写道："系统出现了漏洞，不解决这个漏洞的话，交易细节有可能会被篡改，比如在没有比特币转账的情况下，系统中可能会显示用户将比特币转入了电子钱包。"

2014 年 2 月 17 日，Mt.Gox 的公告中称："为解决该安全问题，公司采取了一系列措施，不过所有提币服务仍被暂停。"

2014 年 2 月 23 日，Mark Karpelè 辞去了比特币基金会董事会成员职务。同一天，Mt.Gox 删除了其 Twitter 账户上所有的帖子。

2014 年 2 月 24 日，Mt.Gox 暂停了所有交易活动，之后该交易所完全下线。有内部文件泄露称，该公司被黑客盗取了 744408 枚比特币，已经资不抵债。此次黑客事件其实预谋已久，但是该交易所多年来却毫无察觉。

2014 年 2 月 25 日，Mt.Gox 在官网上称"决定暂时关闭所有交易"。

2014 年 2 月 28 日，Mt.Gox 在东京申请破产保护，之后的 3 月 9 日又在美国申请了破产保护。Mt.Gox 的破产导致成千上万的用户拿不回投资资金，比特币市场也因此发生了剧烈震荡，2014 年 2 月到 3 月底，比特币价格跌幅达 36%。这一数字货币交易所因为黑客攻击而破产倒闭的事件史称"门头沟"事件。

### 3．数字货币的场外交易（OTC）

金融市场有两种基本方式：交易所交易和场外交易（OTC）。

交易所交易是说诸如纽交所这样的传统交易所或者诸如 Binance 这样的加密货币的交易所，它们充当买卖双方的中间人。交易员发布售卖资产的希望价格（asks），其他人则发布他们愿意购买的价格（bids），当出价和要价匹配时，交易所撮合完成交易。所有的交易都公开进行，在 Coinmarketcap 等网站上的价格就是不同数字货币的交易价格。

与交易所交易相比，场外交易的不同之处在于，交易直接发生在双方之间，其中一方通常是场外交易商——专门用于买卖特定资产的机构。在场外交易中，双方首先就价格达成一致，然后在两者之间进行资产的转移。这种场外交易存在不透明性——除了参与者之外，没有人能够了解交易价格和交易数量，其中会有各种资产在场外进行交易。

场外交易市场是全球金融体系中大部分交易发生的地方。在传统市场，美国公司股票的场外交易要比纳斯达克和纽交所加起来还多。数万亿美元的债券、商品、货币、衍生品（比如 2008 年金融危机期间臭名昭著的抵押贷款证券），以及其他许多复杂的金融工具每年都在场外交易市场进行交易。

那么，什么是数字货币的场外交易？

数字货币的场外交易就是交易双方直接交易数字货币。交易可以是代币对代币（如比特币与以太坊），或法币对加密数字货币（如美元、人民币与 BTC、USDT 之间的交易）。

跟其他所有的场外交易市场一样，交易总是发生在专门的交易商和另外一个称为交易对手的个人或机构之间。

为什么存在加密数字货币的场外交易？主要是因为购买或出售大额的加密数字货币存在困难。如果试图在一个数字货币交易所购买 500 枚 BTC，很可能没有人在某个特定时间内卖出 500 枚 BTC——买家必须从多个卖家手里购买。当购买其中的第一部分时，可能还能以市场价格成交，但当买家购买最后一部分时，就需要以更高的价格完成交易。这就是所谓的"滑点"。

当想以某个价格购买时，愿意卖出的人已经没有了，这时候滑点就产生了。为了避免出现滑点，最好在多个数字货币交易所分散购买 500 枚 BTC，在每个交易所购买小额的 BTC，以实现最优价格成交。但是，这样做需要进入多个交易所，甚至还需要耗费大量的时间执行每笔交易，同时每笔交易还有手续费。

这时，如果去找加密数字货币的场外交易商购买这 500 枚 BTC，它会给你一个报价，如果买家愿意接受，那么场外交易商就把这 500 枚 BTC 打给买家——这就很简单了。场外交易商从哪里以及怎么样拿到这 500 枚 BTC，这是它们的事情，跟买家毫不相关。处理大额加密数字货币的交易问题正是加密数字货币场外交易商们所擅长的。

简单来说，想轻松快捷购买或卖出大额加密资产的人，可能是高净值个人、机构、VC 和投资加密市场的对冲基金。场外交易商彼此之间也经常交易，例如，一个交易商的买家想购买特定的资产，而另外一个交易商刚好有可匹配的卖家，这种情况下两个交易商就代表各自的客户成为交易对手。

随着产业的发展和资产类型的增多，场外交易的交易对手类型变得越来越多样化。

与传统金融行业类似，加密行业的场外交易数额巨大，且很难看清楚全貌。不过，在 2019 年的种种报告与数据皆显示数字货币（主要为 BTC）的场外交易额正在大幅蹿升，大宗交易的场外交易市场正不断成长。

2019 年 1 月 3 日，著名数字货币交易所 Circle 发布了一篇公告，其中透露了该公司的场外交易部门 Circle Trade 在 2018 年处理的场外交易金额高达 240 亿美元，并且与 6000 个不同的交易方执行了约 10000 次交易，也就是说平均一次的交易金额约为 240 万美金。

Circle 作为数字货币市场目前最知名的场外交易服务公司之一，已经与 1000 余个交易所、资管公司、新创项目、家族办公室、高净值客户、其他场外交易商开展合作，成为整个数字货币生态系统的核心流动性提供商。

# 第 3 章
# 匿名币——注重隐
# 私保护的数字货币

随着隐私意识的增强，人们保护隐私的意识日渐强烈。人们担心搜索引擎或社交媒体网站会记录其隐私信息，希望自己的数据是保密且安全的，这种需求在比特币和其他加密数字货币领域更加强烈。注重保护使用者隐私的匿名币得到了人们的重视。

# 3.1 匿名币概述

## 3.1.1 什么是匿名币

匿名币就是在交易过程中隐藏交易金额、隐藏发送方与接收方的一种特殊的数字货币。

比特币作为一种匿名币，具有极为广泛的用户群体。随着数字货币的发展，出现了一些相较比特币匿名性更强的数字货币，其中最具代表性的匿名币是达世币、门罗币和大零币。

## 3.1.2 匿名币因何而生

比特币等数字货币能够在一定程度上保障个人隐私。与银行账户绑定了持有者的个人身份信息不同，比特币的地址与个人身份信息没有绑定关系，比特币地址的生成无须实名认证，通过地址不能查出比特币持有人的身份，不同比特币地址之间也没有直接关系，因此比特币本身不会与个人真实身份挂钩。

然而在基于区块链的数字货币中，所有交易都记录在区块链上，一个数字货币的交易历史可以被公开和永久地追溯。而真正的隐私指的是个人或者群体隔离自身。或关于自身信息的能力，从而有选择性地表达自己。如果一个人在真实世界的身份与比特币地址有关联，他将不能有选择地展示个人信息，其隐私将无法得到保障。

在实际应用场景中，有许多途径可以将比特币地址与真实身份相关联。当用比特币进行线下交易时，交易双方将产生接触，彼此可以通过地址查到对方的交易历史和账号余额；在数字货币交易所与法币的兑换环节，数字货币交易所通常要求实名制；同时，区块链上的信息可被溯源，因此，比特币对交易者隐私的保护存在局限性。在此背景下，匿名币应运而生，它们力求帮助使用者真正实现隐私保护。

匿名币可以全部或部分抹除数字货币的交易信息，保持数字货币的可替换性，同时保护持币者的隐私。然而，由于匿名币良好的隐私性，它们成为越来越多违法犯罪的交易工具，匿名币逃避审查的特性也背离了各国法律的监管框架。因此，匿名币本身仍是广受争议的，匿名币的价值需要在不断探索中逐步理清。

### 3.1.3　匿名币的主要用途

在现实生活中，有很多场合都需要匿名交易。有时候一笔交易成交后，交易双方都不希望将此交易公开，尤其是交易金额。比如在竞拍和招标结束前，交易双方都不希望把标的金额公布出来。此时，匿名币的作用就体现了出来。

## 3.2　匿名币的开山之作——比特币

### 3.2.1　比特币的基本概念

比特币（Bitcoin，BTC）是一种非常典型的、去中心化的加密数字货币，也是历史上第一款匿名币，它基于一位名叫中本聪的神秘人物的设想而产生。

比特币是一种加密数字货币，比特币交易双方需要类似电子邮箱的"比特币钱包"和类似电子邮件地址的"比特币地址"。同收发电子邮件一样，汇款方通过个人计算机或智能手机按收款方地址将比特币直接付给对方。

比特币地址是大约 33 位长的、由字母和数字构成的一串字符，总是由 1 或者 3 开头，例如 "1DwunA9otZZQyhkVvkLJ8DV1tuSwMF7r3v"。比特币软件可以自动生成地址，生成地址时也不需要联网交换信息，可以离线进行，还可以随意地生成比特币地址来存储比特币。每个比特币地址在生成时都会有一个相对应的私钥被生成，这个私钥可以证明持有者对该地址上比特币的所有权。可以简单地把比特币地址理解成为银行卡号，该地址的私钥理解成该银行卡号对应的密码，只有在知道银行卡号密码的情况下才能使用该银行卡号上的钱。所以，在使用比特币钱包时务必要保存好地址和私钥。

比特币的交易数据被打包到一个"数据块"或者说是"区块"（block）中后，交易就初步确认了。当这个区块链接到前一个区块之后，交易会得到进一步的确认，在连续得到 6 个区块的确认之后，这笔交易就不可逆转地得到了确认。

比特币网络将所有的交易历史都储存在区块链中。区块链在持续延长，而且新区块一旦加入到区块链中，就不会再被移走。所以比特币网络，也即比特币区块链实际上是一群分散的用户端节点，是一个由所有参与者组成的分布式数据库，是对所有比特币交易历史的记录。

### 3.2.2　比特币的发展简史

作为最初的加密数字货币，比特币的迅速崛起使其成为投资者、媒体和技术专家的主要关注点，比特币和区块链的理念也开始在大众认知中流行。

2008 年 11 月 1 日，中本聪发表了一篇题为《比特币：一种点对点的电子现金系统》的论文，该论文以区块链技术为核心，使得在线支付能够直接由一方发起并支付给另一方，而中间不需要通过任何的金融机构。这篇论文也被视为比特币诞生的开端。

2009 年 1 月 3 日，中本聪在位于芬兰赫尔辛基的一个小型服务器上挖出了第一批 50 个比特币。随后，比特币软件首次面向公众开放。"挖矿"的网民越来越多，但主流市场还未认可它的价值。发行后一年多时间里，比特币并不具备市场价值。

2010 年 5 月 21 日，第一次比特币交易发生于佛罗里达，一名叫作 Laszlo Hanyecz 的程序员用 1 万个比特币购买了价值 25 美元的比萨饼优惠券，比特币开始具有价值属性，其初始价值约为 0.003 美元。民众对于比特币的关注度日益增高，至 2010 年 11 月，当时全球最大的比特币交易平台 Mt.Gox 上单枚比特币价格已突破 0.5 美元，比初始价格上涨约 167 倍，比特币市值达到 100 万美元。

2011 年 2 月 9 日，比特币价格首次达到 1 美元/个，与美元等价。比特币与美元等价的消息被媒体大肆报道后引起人们的高度关注，购买比特币的用户大增。此后两个月内，比特币与英镑、巴西币、波兰币的兑换交易平台先后上线运行。在这一年，随着比特币越来越受欢迎，去中心化和加密数字货币的概念流行起来，一些其他种类的加密数字货币开始出现。这些替代型加密数字货币通过提供更快的交易速度、更好的匿名性或其他一些优势来尝试改进原始的比特币设计。

2012 年，此时的加密数字货币开始进入大众视野，甚至出现在了影视作品中，美国电视剧《傲骨贤妻》第三季中的一集就与比特币相关，该集名为"傻瓜的比特币"。6 月开始，陆续有多家实体商家宣布接受比特币支付。9 月的伦敦比特币会议及之后的比特币基金的创立、欧洲第一次比特币会议的召开，又将比特币价格进一步推高至将近 13 美元/个。12 月，比特币的发行量占到其预设发行总量的一半，比特币供应量发起了首次减半调整，通缩效应使得比特币单价重回巅峰期。在法国比特币中央交易所诞生之后，比特币价格涨至 13.69 美元/个。

2013 年 1 月，在比特币跌至 2 美元/个后不久，比特币再度大幅上涨。不少新的交易所、新的投资者和更高的媒体曝光度都帮助比特币快速恢复了涨势。2 月 19 日，比特币客户端 V8.0 发布，此时比特币价格为 28.66 美元/个。5 月 17 日，2013 年圣何塞比特币大会召开，超过 1300 人参与，此时比特币价格为 119.1 美元/个。6 月 27 日，德国议会做出决定，持有比特币一年以上将予以免税，此举被业内认为变相认可了比特币的法律地位，此时比特币价格为 102.24 美元/个。11 月 29 日，比特币在热门交易所 Mt.Gox 的交易价格创下 1242 美元/个的历史新高，而同时黄金价格为一盎司 1241.98 美元，比特币价格首度超过黄金。12 月 5 日，中国央行联合五部委下发通知监管比特币，比特币快速大跌，截至当日下午 5 点，比特币价格已经跌至 1030 美元/个左右，随后比特币价格继续大跌，一度跌至 500 美元/个以下。

2014 年年初，比特币用户数量约是 1 年前的 10 倍，比特币矿池的规模也创下了纪录。而实体经济方面，对比特币的接纳程度也越来越高，多家知名商家宣布开始接受比特币支付。2 月，全球最大的比特币交易平台 Mt.Gox 被盗，宣布破产。这一事件打击了人们对比特币安全性的信任，比特币开始了漫长的价格调整。在 2015 年年初，比特币的最低价格一度跌到了 150 美元/个左右。

2016 年，全世界的比特币交易所数量已经达到数十家。受比特币产量减半、英国脱欧、美国大选以及亚洲市场的强势等因素影响，比特币价格出现反弹，并呈现进一步上扬的趋势。其中，中国市场比特币的交易量超过比特币全球交易量的 95%，而在新产生的比特币里面，有超过 70% 在中国矿场产出，中国矿场几乎垄断了未来比特币的新增供给。在全球政治经济震荡的大环境下，比特币作为一种避险资产脱颖而出。6月，英国宣布脱欧导致英镑跳水，比特币价格应声上涨，涨幅近20%。8月的交易所被盗事件，使得比特币价格一夜闪崩约26%，但紧接着，价格再度回升。11月，美国大选结果公布，特朗普政策提案的不确定性进一步推动了作为避险资产的比特币的价格上涨。在此期间，比特币的价格涨至1000美元/个的高度，涨幅超40%。

2017年，比特币在金融媒体上频繁登上头条，比特币已经成为家喻户晓的名词。比特币的价格从2017年年初的970美元/个上涨到了2017年12月的近2万美元/个，全年涨幅达到1700%。作为无边界的加密数字货币，比特币吸引了范围更广、拥有大量现金的投资者。截至2017年12月，接受比特币的实体企业数量达到11291家，比特币ATM机的数量则增长至1986个。除了比特币之外，莱特币、以太币等加密数字货币也开始成为一些商家的支付选择。

2018年1月26日，中国互联网金融协会发布《关于防范境外ICO与"虚拟货币"交易风险的提示》，四天后比特币单价跌破1万美元。4月5日，印度央行宣布，禁止央行监管的实体为任何个人和企业实体提供虚拟货币的服务和结算。4月11日，澳大利亚政府表示，位于澳大利亚的数字货币交易所（DCE）必须向澳大利亚注册，并符合政府的反洗钱（AML）和反恐怖融资的合规和报告义务。5月7日，日本金融厅（FSA）表示将对国内数字货币交易所采取进一步监管。6月10日，韩国数字货币交易所Coinrail称系统遭遇"网络入侵"，比特币单价连续三天下跌。6月28日，韩国金融服务委员会（FSC）针对数字货币交易所公布了新的加密数字货币监管框架和指导。8月22日，美国证监会（SEC）公布否决ProShares、Direxion和GraniteShares三家机构提出的合计九只比特币ETF的上市申请。8月26日，我国银保监会、中央网信办、公安部等多部门发布风险提示，提醒广大民众防范以

"虚拟货币"等名义进行的非法集资。2018 年对于比特币投资者和区块链从业者来说是艰难的一年，币价下跌、监管趋严、前途不明，无数的投资者和从业者无奈选择了离开。

加密数字货币在 2019 年打了一场漂亮的"翻身仗"。截至 2019 年年底，2000 多种加密数字货币总市值约 2800 亿美元，市场总值涨幅超112%。就投资回报率来看，加密数字资产超越黄金、石油、热门股票等传统资产。在市值前 50 的加密数字货币中，有 14 个币种的涨幅超过比特币，平均涨幅为 227.6%。而在传统投资市场，石油作为 2019年表现最好的资产，其涨幅也仅仅维持在 29% 左右。紧随其后的纳斯达克、标准普尔、道琼斯、日经指数等热门股票的平均涨幅甚至不到20%。2019 年 5 月 9 日，币安研究院发文表示，比特币的投资回报率远超传统资产。

2020 年，加密数字货币市场已完全走出熊市的阴霾。无论币值表现、交易量还是市场总值，各指标均显示加密数字货币市场在重现活力，在快速回升的过程中，比特币也展现出了远超传统资产的投资潜力。

侧链、闪电网络等技术在不断提高比特币网络的可扩展性，提升其金融化程度，推动比特币获得更广泛应用。年轻一代人群对比特币也表现出越来越强的接纳和使用态度。业内人士认为，将来比特币会成为公认的投资组合、对冲工具和储备资产。

### 3.2.3　比特币的运行机制

前面已介绍了比特币的基本原理，那么比特币具体是怎样运行的呢？

**1. 发行机制**

和法定货币相比，比特币没有一个集中的发行方，而是由比特币网络节点的计算生成，谁都有可能参与制造比特币，而且比特币全世界流通，可以在任意一台接入互联网的个人计算机上买卖，不管身处何方，任何人都可以挖掘、购买、出售和获取比特币。比特币在交易过程中外人无法辨认用户身份信息，且可以不受任何国家的央行和任何金融机构的控制而自由流通。

比特币网络通过"挖矿"来生成新的比特币。所谓"挖矿"实质上是通过用计算机解决一项复杂的数学问题，来保证比特币网络分布式记账系统的一致性。比特币网络会自动调整数学问题的难度，让整个网络约每 10 分钟得到一个合格答案。随后比特币网络会新生成一定量的比特币作为赏金，以奖励获得答案的人。

2009 年比特币诞生的时候，每笔赏金是 50 个比特币。比特币网络诞生 10 分钟后，第一批 50 个比特币生成了，而此时的全网货币总量就是 50。随后比特币就以约每 10 分钟 50 个的速度增长。当全网总量达到 1050 万个时（2100 万的 50%），挖矿赏金减半为 25 个，当总量达到 1575 万个（新产出 525 万个，即 1050 万的 50%）时，赏金再减半为 12.5 个。

比特币货币供应量变化情况如图 3-1 所示。

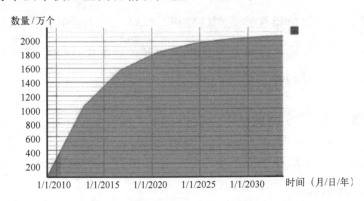

图 3-1　比特币货币供应量变化情况

首先，按照比特币的设计原理，比特币的发行总数是一个定值——

2100万个。而比特币的发行，本质就是对"挖矿"的矿工给予的奖金。在这个过程中，比特币的总量会持续增长，直至2100万个都生成（也就是全部被挖出）的那一天，但比特币货币总量后期增长的速度会非常缓慢。事实上，87.5%的比特币都将在开始的12年内被"挖"出来。

**2．交易机制**

所谓比特币交易就是从一个比特币钱包向另一个比特币钱包中转账比特币，每笔交易都有数字签名来保证安全。一个交易一旦发生那么就是对所有人都公开的，每个交易历史可以最终追溯到相应的比特币最初被挖出来的那个点（这句话不太好理解，不过在接下来介绍输入输出概念时，就比较容易理解了）。

举个例子，如果小红要给小明发送一些比特币，那么这个交易就有以下三项信息。

输入信息：里面记录了最初小红拥有的这些币是从哪个地址转给她的。

数目：小红到底给小明转了多少个比特币。

输出信息：小明的比特币地址。

交易中是如何发送比特币的呢？需要两样东西，比特币地址和对应的私钥。比特币地址是随机生成的，就是一串由字母和数字组成的字符串。私钥也是类似的一个字符串，但是私钥是要严格保密的。比特币地址就好像一个透明的存钱罐，每个人都可以看到里面有什么，但是只有拥有私钥的人才能打开它。

当小红想要给小明发送比特币的时候，就用私钥来签署一段信息，其中包括输入信息、数目和输出信息。小红所在节点向全网发出交易信息，矿工通过算力竞争争夺记账权并将记账结果向全网广播，比特币网络中其他矿工接收区块并验证，最终将这条交易信息添加进账本。这个验证过程如图 3-2 所示。

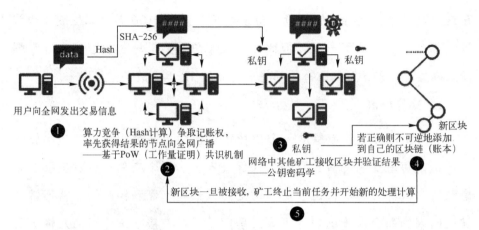

图 3-2　比特币交易的验证过程

### 3．防双花机制

（1）双花问题

所谓"双花"问题，也就是前文提到的双重支付问题，是指在区块链加密技术出现之前，加密数字货币和其他数字资产一样，具有无限可复制性，人们没有办法确认一笔数字现金是否已经被花掉。因此，在交易中必须有一个可以信赖的第三方来保留交易总账，从而保证每笔数字现金只会被花掉一次。

（2）双花问题的解决

中心化的管理系统通过实时修改用户余额，可以有效地防止双重支付（用户利用网络延迟把同一笔钱支付给两个人），然而无人监管的去中心化的系统很难防止这一情况的发生。

中本聪通过使用区块链盖时间戳并发布全网的方式，保证每笔货币被支付后，不能再用于其他支付。当且仅当包含在区块中的所有交易都是有效的且之前从未存在过的，其他节点才认同该区块的有效性。通过这种方式解决了去中心化的比特币网络中的"双花"问题。

**4. 加密机制**

作为一种加密数字货币，在比特币体系中大量使用了公开的加密算法，如 Merkle Tree 算法、椭圆曲线算法、哈希算法、哈希指针、非对称加密算法等。各种算法的概念及其在比特币中的作用如下。

（1）哈希算法

比特币区块链中最常使用的两个哈希算法分别是：SHA-256 算法，主要用于完成 PoW（工作量证明）计算；RIPEMD-160 算法，主要用于生成比特币地址。

（2）哈希指针

哈希指针是一种数据结构，指示某些信息存储在何处，可将这个指针与这些信息的哈希值存储在一起。哈希指针不仅是一种检索信息的方法，同时也是一种检查信息是否被修改过的方法。

区块链可以看作一类使用哈希指针的链表，这个链表链接一系列的区块，每个区块包含数据以及指向表中前一个区块的指针。区块链中，前一个区块指针由哈希指针所替换，因此每个区块不仅仅告诉前一个区块的位置，也提供一个哈希值去验证这个区块所包含的数据是否发生改变。

（3）Merkle Tree 算法

Merkle Tree 算法是区块链中重要的数据结构，其作用是快速归纳和校验区块数据的存在性和完整性。比特币网络中，通过 Merkle Tree 检查一个区块是否包含了某笔交易，而无须下载整个区块数据，即实现简单支付验证（SPV，Simplified Payment Verification），只判断用于“支付”的那笔交易是否已经被验证过，并得到了多少的算力保护（多少确认数）。

中本聪关于比特币的论文中简要地提及了简单支付验证这一概念，不运行完全节点也可验证支付，用户只需要保存所有的 Block Header

（区块头）就可以了。用户虽然不能自己验证交易，但如果能够从区块链的某处找到相符的交易，他就可以知道网络已经认可了这笔交易，以及这笔交易得到了网络的多少个确认。

（4）椭圆曲线算法

比特币中使用基于 secp256k1 椭圆曲线算法进行签名与验证签名，一方面可以保证用户的账户不被冒名顶替，另一方面保证用户不能否认其所签名的交易。用户用私钥对交易信息签名，矿工用用户的公钥验证签名，验证通过，则交易信息记账，完成交易。

（5）非对称加密算法

作为一种加密数字货币，比特币采用了非对称加密算法。这种算法通常需要两个密钥：公开密钥（public key）和私有密钥（private key），公开密钥与私有密钥相辅相成。如果用公开密钥对数据进行加密，只有用对应的私有密钥才能解密；如果用私有密钥对数据进行加密，那么只有用对应的公开密钥才能解密。因为加密和解密使用的是两个不同的密钥，所以这种算法叫作非对称加密算法。

非对称加密算法使用一对密钥，一个用来加密，另一个用来解密，而且公钥是公开的，私钥是自己保存的，因而安全性更好。但是，非对称加密的加密和解密花费时间长、速度慢，只适合对少量数据进行加密。

事实上，比特币本身就是一串可以破解的密码组，即上文提到的私钥，而这串私钥是可以分割保存的，这也是人们手中的比特币并不总是以整数形式存在的原因。

### 3.2.4 比特币的流通机制

**1. 获取比特币**

比特币是一种 P2P 形式的加密数字货币。

　　挖矿是直接获取比特币的唯一方法。简单来说，挖矿是指"矿工"利用计算机硬件计算、记录和验证被称为区块链的数字记录信息的过程。矿工通过挖矿求解数学难题从而获得创建新区块的记账权以及区块的比特币奖励，由于这一过程与矿物开采十分相似，故被形象地称之为挖矿。

　　由于比特币全网的运算水准呈指数级别不断上涨，单个设备或少量的算力无法在比特币网络上稳定获取到比特币网络提供的区块奖励。在全网算力提升到了一定程度后，过低的获取奖励的概率促使一些"bitcointalk（比特币论坛）"上的极客开发出一种可以将少量算力合并联合运作的方法，使用这种方式建立的网站便被称作"矿池"（Mining Pool）。

　　简单来说，矿池就是一个软件平台，它通过汇集矿工的算力，再将挖到的加密数字货币，按贡献的算力比例返还给矿工，并且收取一定的手续费。比特币采用 SHA256 加密算法，总量 2100 万个，平均每 10 分钟产生一个区块，每 21 万个区块奖励减半。此外，每一次比特币转账还会产生一定的手续费。

　　2020 年挖矿产生的比特币市值总额大约为 30 亿美元，再加上以太坊与其他一些小型币种，总额大约为 40 亿美元，可以说无论是市场容量还是市场前景都非常巨大。目前，比较流行的矿池有币安矿池（BinancePool）、鱼池、币印、BTC.com 与 Antpool 等。

　　由于本书主要论述的对象是数字货币本身，而且通过挖矿获取比特币具有较高的操作难度，并不适合个人投资者或爱好者参与，因而不进行系统性介绍。

　　另一种获取比特币的方法是在二级市场购买。

**2. 交易比特币**

　　具体而言，比特币交易分为交易所交易和场外交易两种。

（1）交易所交易

数字货币交易所是比特币交易的主要场所，当前数字货币交易所以C2C式的撮合交易为主。

从全球来看，当前主要的数字货币交易所包括：币安（Binance）、火币（Huobi）、bitmex、upbit、bitfinex、bithumb、okcoin等。

其中，长期以来比较被中国用户认可的比特币交易平台主要有三大平台，分别为币安（Binance）、火币（Huobi）、okcoin。目前只有币安（Binance）和火币（Huobi）两大比特币交易平台仍在营业，但其公司主体均在海外。本书以币安（Binance）为例说明通过交易所交易比特币的方法。

1）准备工作。

出于反洗钱和风险控制的需要，在主流数字货币交易所交易比特币通常需要提前完成身份认证。身份认证流程如下。

第一步：登录币安（Binance）官网。

币安（Binance）官网为 https://www.binancezh.com/，如图3-3所示。

图3-3 币安（Binance）官网主页

第二步：进行身份注册。

单击首页右上角"注册"按钮，在币安（Binance）网的注册页面中，可根据图示进行身份注册，如图 3-4 所示。

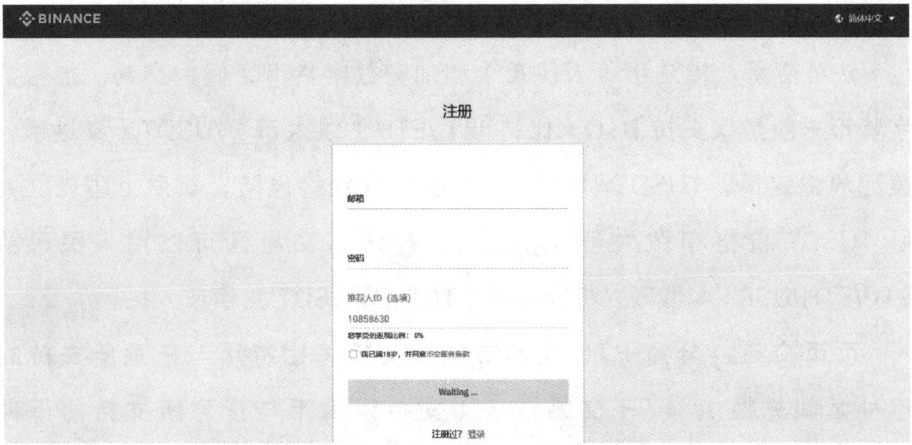

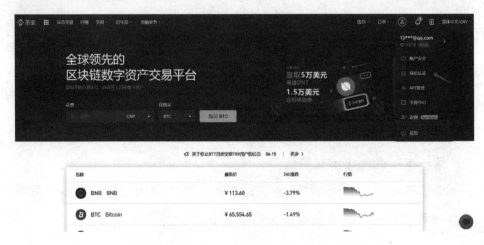

图 3-4　币安（Binance）账号注册页面

第三步：进行身份认证。

币安（Binance）身份认证链接如图 3-5 所示，在完成了身份认证之后就可以在币安网进行加密数字货币交易了。

图 3-5　币安（Binance）身份认证

2）在币安（Binance）交易比特币。

在数字货币交易所进行交易前，为了更好地了解加密数字货币，需要了解以下基本常识。

交易所中的两个常见名词：

法币交易：指法币（人民币）和加密数字货币之间的交易。加密数字货币一般是仅支持 BTC（比特币）/ETH（以太币）/USDT（泰达币，美元的锚定币，1USDT=1 美元，为防止洗钱等风险，实质上国内交易所 1USDT 价格稍微大于 1 美元）。在法币交易区可以用人民币买 BTC/ETH/USDT，也可以将拥有的 BTC/ETH/USDT 兑换成人民币。

币币交易：分为 BTC 交易市场（支持将比特币与任意所支持的币种之间兑换），ETH 交易市场（支持以太币与任意所支持的币种之间兑换），USDT 交易市场（支持泰达币与任意所支持的币种之间兑换）。

事实上，大部分数字货币交易所都不支持直接用人民币买卖大部分的加密数字货币，只支持用人民币买卖 BTC（比特币）、ETH（以太币）、USDT。

因此，在交易所买入加密数字货币的流程是：先在法币交易区用人民币换成 USDT（BTC/ETH 也可），然后用 USDT 在币币交易区兑换成你想买的币种。卖出加密数字货币的流程是：先把拥有的币种换成 USDT（BTC/ETH 也可），再把 USDT 兑换成人民币。

在币安（Binance）网购买比特币的具体操作流程很简单。

第一步：进入法币交易区。

登录币安（Binance）网之后，单击页面顶部的"法币交易"链接进入法币交易区，法币交易页面如图 3-6 所示。

图 3-6 法币交易页面

第二步：进行交易。

选择好了卖家及合适的价格之后，单击"购买 BTC"按钮（注意要查看你想买入的目标金额是否在对应的商家或用户支持的金额范围内）。

第三步：确认交易。

在如图 3-7 所示的交易确认页面中，可以填写你想买入的 BTC 数量，对应的人民币金额会相应显示，同样如果输入相应的人民币金额，则会对应显示可购买的 BTC 数量。

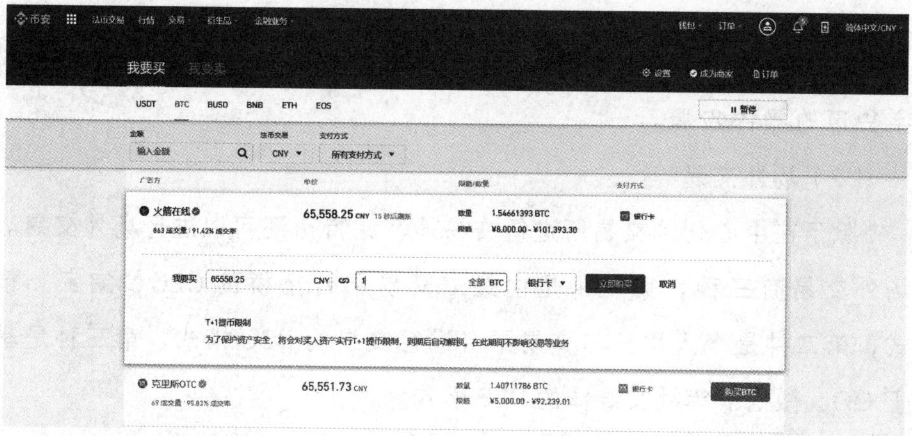

图 3-7 交易确认页面

第四步：订单付款。

单击"立即购买"按钮后进入订单详情页面，如图 3-8 所示。此时可以选择任意一种交易所支持的付款方式付款。注意：图中显示有付款参考号，请将该付款参考号放到付款时的备注中，便于收款方确认收款。付款完成后单击"我已完成转账"按钮，等待交易对方发币即可。

如果对方收到了款但是没有给你发币怎么办？首先请确认是否已经单击了"我已完成转账"按钮，如果已完成转账，但仍没有收到币，可以找币安（Binance）售后人员申请仲裁保障自身权益。

图 3-8 订单详情页面

以上就是在币安（Binance）交易所购买比特币或者其他加密数字货币的操作步骤。

（2）场外交易

除了在中心化的交易所进行交易外，比特币还可以进行场外交易。场外交易有三种，第一种是由线上交易平台搭桥的 C2C"淘宝"模式，第二种是个人用户与交易平台进行交易的 B2C 模式，第三种是基于 QQ、微信群等社交媒体的 P2P 模式。

1）线上 C2C 交易一般通过 LocalBitcoins、CoinCola 等场外交易平

台实现。此类平台为比特币买家和卖家提供信息发布的场所，交易模式类似"淘宝"模式，买家和卖家根据发布的信息进行一对一交易。

2）线上 B2C 交易中，个人用户可直接向比特币交易平台购买或卖出比特币，其价格由平台指定。平台在收取用户的付款后，直接将比特币转给买家用户，或在收到比特币后，将资金转给卖家用户。

3）P2P 交易中，买卖双方在线上或线下，通过在线聊天工具如 QQ 群、微信群、Telegram 群组，或面对面的纯线下方式进行交易。

事实上，在比特币诞生之初，最先产生的交易就是场外交易。目前，场外交易多以大宗交易为主。由于交易所繁多，如果瞬时出货量过大就会造成比特币价格的剧烈波动，不利于市场稳定，因而部分矿场和持有大量比特币的比特币早期投资者往往通过场外交易出售比特币。与在中心化交易所交易相比，场外交易具有更高的隐蔽性和稳定性。

**3．使用比特币**

比特币的主要用途有两个，一个是当作结算的货币，另一个是用来保值增值。下面主要介绍比特币作为结算货币的使用情况。

最早可以使用比特币进行结算的国家是加拿大。2013 年 10 月 31 日，世界上第一台可供兑换比特币的 ATM 机在加拿大温哥华投入使用，其经营者是温哥华的 Bitcoiniacs 和美国内华达州的 Robocoin。在温哥华的一家咖啡馆里，通过这台 ATM 机可以双向兑换比特币和加拿大元。这台 ATM 机在投入使用后，迅速吸引了人们的注意力。

2014 年 10 月 5 日，根据位于英国伯利兹（Belize）的加密货币交易所 247Exchange.com 发布的公告显示，其已获得与"欧洲在线支付（Sofortbanking）"的合作协议，这项协议将让遍布欧洲大陆、与 Sofortbanking 支付系统相连接的、超过 400 家银行的 22000 家分支机构，为比特币购买者提供快捷购买通道。只要拥有这几百家银行中的任意一个账户，用户就可以快速方便地购买比特币以及其他加密数字货币了。这份协议覆盖了 10 余个欧洲国家（德国、奥地利、瑞士、英国、荷兰、比利时、法国、意大利、西班牙、波兰，以及斯洛文尼亚和匈牙利）的银行。

继 2015 年 9 月美国商品期货委员会正式把比特币等加密数字货币定义为大宗商品之后，2015 年 10 月 23 日，欧洲法院正式裁决，收取一定费用来将欧元或瑞典克朗等传统货币转换为比特币的比特币交易所可免缴增值税，这项裁决被视为比特币在欧洲地区的货币地位被确认。根据欧盟的相关规定，"被用作法定货币的货币、银行票据和硬币"无须缴纳增值税。

在印度尼西亚，人们可在超过 10000 家"Indomaret"便利店使用比特币。

在日本，越来越多的实体店将比特币作为一种结算手段使用，这将促进加密数字货币在日本的普及。截至 2017 年 3 月底，日本国内支持比特币结算的店铺约有 4500 家。据《日本经济新闻》2017 年 4 月 5 日报道，大型电器零售连锁 bic camera 和日本最大比特币交易所 bitFlyer 合作，将从 2017 年 4 月 7 日起在 bic camera 位于东京的有乐町旗舰店以及 bicqlo（bic camera 和优衣库共同运营的商业设施，简称 bicqlo）新宿东口店试运行比特币结算系统。结算上限暂定为相当于 10 万日元的额度，与现金支付享受同样比例的购物折扣。Recruit 集团旗下公司 Recruit-lifestyle 的目标则是到 2017 年夏天，旗下 26 万家店铺能使用比特币结算。

消费者在这些店铺结算时，向店铺的收银软件输入日元金额，消费金额就会被换算成比特币并显示一个二维码，消费者用手机扫码后，消费额就会从其比特币账户扣除，与店铺合作的比特币交易所再把比特币兑换成日元汇到店铺账上。

当然，比特币真正成为全球结算手段还必须克服许多障碍，最大的障碍是比特币价格波动剧烈，许多人持有比特币的目的是进行保值增值而不是当作货币使用。

### 3.2.5　比特币的有限匿名性

一般人都认为比特币的匿名性很强，但是一旦比特币地址和持有人的真实身份挂钩，比特币的匿名性将瞬间消失。另外，比特币对交易金额等数据并不隐藏，所以只要知道某人地址，就可以迅速计算出他的比特币资产余额以及资金流动状态。

事实上，每一笔比特币的交易都泄露了 3 项隐私：发送方的地址；发送比特币的数量；接收方的地址。这就是比特币的有限匿名性。

中本聪的比特币论文中提及了 "隐私" 相关内容，其中非常清晰地阐释了比特币的隐私局限性。随着攻击者能够更好地使用比特币的数据定位或实名化比特币用户，比特币的隐私状况会不断 "恶化"。这使得某些认为比特币不与姓名关联因此能够保护隐私的人感到非常惊讶。

比特币的有限匿名性是因为任何货币交易系统（黄金、现金、易货贸易）都必须满足如下两个条件。

1）必须能够验证接收的币的数量与发送的数量相等。如果能够在一笔交易中从一个地址发送 1 个币，却在另一个地址收到 2 个币，这肯定不行。在正常的系统中，如果将 5 元钱放到你手里，那么我少了 5 元钱，你多了 5 元钱。在这个交易过程中没有凭空产生的钱，也没有凭空消失的钱。

2）用户只能从自己的银行账户中进行电子转账，而不能从别人的银行账户中转账。必须能够验证交易是从借记卡以及个人密码/网上银行密码或加密货币中的私钥持有者发出的。

比特币交易以明文形式包含转账金额以及接收者地址，从而很容易满足货币系统的第一个条件；为了使比特币系统满足第二个条件，比特币使用具有对应私钥的公开地址。公开地址持有比特币，交易发送者通过使用对应私钥产生一个签名，给他的交易（即明文包含交易金额以及接收者地址的交易）签名，每个人都可以验证这个签名是由持有比特币的地址对应的私钥产生的，这就验证了交易来自有权发起交易的人。

# 3.3 其他主流匿名币

在大部分情况下，比特币的匿名性已能满足需求，但是真正意义上的匿名币则在追求着更高更强的匿名性。

某种程度上来说，很难将以隐私为中心的加密数字货币与一般的不以隐私为中心的数字货币区分开来。但是，可以关注那些认真对待用户隐私，将其作为既定目标之一的数字货币，并且以此为参考来探讨那些发展多年并在市场占据了可观市值的匿名币种。

如 Monero（门罗币）、Dash（达世币）、ZCash（大零币）等数字货币，这三种数字货币分别采用了不同的方法来隐藏其消费者的身份，并且都有取得了不同程度的成功。

Zcash、Monero 和 Dash Logo 如图 3-9 所示。

图 3-9 Zcash、Monero 和 Dash 的 Logo

以下重点介绍达世币、门罗币、大零币这三种匿名币。

### 3.3.1　达世币（Dash）

**1．达世币概述**

达世币创立于 2014 年，其在比特币的基础上做了技术上的改良，具有良好的匿名性和去中心化特性，是第一个以保护隐私为要旨的加密数字货币。达世币在 2014 年发布白皮书，发行总量为 1890 万个，被网友们认为是最能实现中本聪梦想的币种。

达世币是一种基于比特币的、致力于实现匿名化程度更高、支付速度更快捷、系统运营更稳健的加密数字货币。其使用一种名为混币的技术，将两个或多个相同数量的交易混合然后分发，这样就没有人能够猜出是哪个用户向哪个用户付钱。

达世币具有以下特点。

1）完善的社群管理机制。避免了在扩张过程中可能会出现的不必要的分叉问题。

2）双层网络结构。达世币底层是和比特币类似的采用 PoW 共识的分布式账本，上层由 4000 多个分布式的主节点构成，类似于 PoW+PoS 机制。

3）匿名化和快捷化。通过主节点网络进行混币和即时交易，实现匿名化和快捷化。

**2．达世币的货币混合技术**

达世币采用的是货币混合（Coin Mixing）技术。货币混合技术其实是一个非常简单的概念，和环签算法密切相关。其原理是通过一个系统，撮合一群需要进行数字货币兑换交易的客户，然后在不接触客户个人信息的情况下建立一个随机的地址，并通过这个地址将需要进行兑换的数字货币发送到区块链网络上，然后将客户原本的发送地址隐藏起来，并且在不同的时刻通过该随机地址发送出去的数字货币数量也不尽相同。随着时间的延长，这个整合过程将变得非常复杂，这样跟踪交易双方的地址就变得越来越困难，在经过 8 到 10 次整合之后，追踪就变得不可能（唯一的缺陷就是交易金额仍然可以追溯）。

**3. 达世币的特点**

在比特币的基础上，达世币主要做了两点创新，一个是秒级交易，另一个就是匿名交易。

技术上，达世币通过架设主节点的方式，对交易进行了混币处理，从而达到了交易的不可追踪性。当一笔交易被发起的时候，会被分成几笔更小额的交易，匿名发送到不同的主节点上，跟主节点收到的其他交易进行混合，然后记账到区块链网络上。每一笔交易被打碎再混合，理论上追踪并不是完全不可能，但是成本将大大提高。因此达世币虽然不是最完美的匿名币，但也算是达到了 99% 的匿名程度。

同时，通过对主节点的奖励（每挖一个区块，对矿工奖励 45%，主节点奖励 45%，剩下的 10% 由主节点投票决定用途），大大提高了架设主节点的热情，目前达世币网络已经有四千多个主节点。而主节点越多，达世币网络将会更安全，可谓是双赢。架设一个主节点，需要 1000 达世币作为抵押，而根据官网统计，通常一个主节点每 7 天会获得 2 个左右的达世币。

通过货币混合实现匿名化的优势是操作相对简单，不需要特定的共识规则，通过适当的预防措施就可以提供基础匿名。但同时货币混合也存在局限性，该操作流程要求参与混币的交易者在线进行混币，如果混币数额不能达成一致则必须等待，每轮只涉及三个参与者，因而混币匿名的效率堪忧。此外，对主节点的依赖是达世币的主要缺陷，交易者无法了解主节点的拥有者是否可靠。

### 3.3.2　门罗币（Monero）

#### 1．门罗币概述

门罗币于 2014 年 4 月 18 日推出，原名为 BitMonero，意指 Bit（如 Bitcoin）和 Monero。在 5 天后，社区选择将名称缩减至 Monero。

门罗币是第一个基于 CryptoNote 协议的比特币的分支，但与之有一定差别。首先，目标块时间从 120 秒减少到 60 秒；其次，发行速度减慢 50%（后来门罗币恢复到 120 秒的停留时间，同时保持发行时间，使每个新块的块奖励翻倍）。此外，门罗币开发人员发现了许多低质量代码，随后将其清理和重构。

2017 年 1 月 10 日，通过使用 Bitcoin Core 开发人员 Gregory Maxwell 的环形机密交易（Ring Confidential Transactions）算法，使门罗币交易的隐私性自 1220516 块起得到了进一步加强。环形签名算法不向没有直接参与交易的人员揭示交易中所涉及的金额，从而增加了保密性。

#### 2．门罗币的技术

（1）环形签名（Ring Signature）技术

门罗币使用的环形签名技术涉及创建一个包含 5 个或更多发件人的发件池，在这 5 个发件人中，只有一个是实际的发件人，而其他 4 个或更多的发件人是迷惑信息。对于局外人来说，所有这些发件人都有平等和有效的汇款机会，即执行交易。因此，其他人无法得知发件人的真实身份。

此外，通过查询所产生的输出信息，很难获取发送者的身份。这样，门罗币就隐藏了发件人的身份。

（2）隐匿地址（Stealth Address）技术

在门罗币中进行交易时，每一次交易都是先建立一个临时的地址，交易双方都是从这个虚拟的临时地址进行交易，交易完成后，这个地址取消，从而保证接收方的隐私。

（3）采用环隐匿交易（RingCT）技术

最初，门罗币只是隐藏发件人与收件人地址。交易金额被分成每个人都知道的已知的面额。因此，每个人都可以了解到交易的价值。

2017 年 1 月，门罗币开始采用环隐匿交易技术，通过采用这项可以使交易保密的新技术，两个或多个交易金额组合在一起可以创建单个交易金额。由此，个人付款信息彻底无法破译。

**3．门罗币的特点**

门罗币具有很强的匿名属性，使用了隐蔽地址和环隐匿交易技术保证了交易双方的不可关联性并保护收件人和发件人隐私，使用环签名技术对交易进行匿名处理并隐藏交易金额。门罗币网络中的所有交易默认匿名交易，不提供透明交易的选择；同时，门罗币在 2018 年 10 月升级算法后，交易速度和扩容的问题得到了大幅度的改善，从此更为适应日常交易的需要。

门罗币采用完全去中心化的治理形态，门罗币网络由来自世界各地的 30 多名核心开发者以及数百位其他贡献者共同完成，不接受任何实体的资助。同时，门罗抵抗矿机的特性使其算力不容易集中于 ASIC 矿机，避免了算力垄断，因而门罗币不依赖于任何中心节点，从而达到了更强的混币效果。

当然，门罗币也存在一定的不足之处。例如，环签名构成的组合中，真实交易很可能是在该交易之前移动的特定门罗币，时序分析会增加真实交易暴露的概率。如果环签技术存在漏洞，那么整个区块链的记录有可能被去匿名化和被追溯，并且无法在事后修正。

### 3.3.3　大零币（Zcash）

#### 1．大零币概述

大零币是基于比特币 0.11.2 版本代码基础上进行修改的分支，其保留了比特币原有的模式，于 2016 年 10 月 28 日发布，总发行量为 2100 万枚。

大零币与比特币的不同之处在于，其自动隐藏了交易信息（发送者、接收者、交易额），且只有拥有私匙的人才有权限查看交易信息。此外，大零币网络上的所有交易都将自动隐藏交易的发送者、接收者和具体数额。只用那些拥有查看密钥的人才能看到交易的内容，用户对于密钥拥有完全的控制权，用户可以自己选择性地向其他人提供查看密钥。

大零币钱包中的资金分为两种：透明资金、私有资金。透明资金类似比特币资金；私有资金加强了隐私性，涉及私有资金的交易是保密不可查的，透明资金与透明资金的交易是公开可查的。

大零币的代币供应模式与比特币极其相似——同样拥有一种固定的和已知的发行模式，大约每 4 年产量就会减半一次。并且，大零币和比特币一样，其最大供应量也是 2100 万枚。

#### 2．大零币的技术

大零币采用零知识证明（Zero Knowledge Proof）技术。简而言之，零知识证明是一种可以在不知道交易本身的情况下验证交易准确性的技术。它背后涉及的数学原理非常复杂，要理解这个概念，最经典的例子便是阿里巴巴与 40 大盗的故事，40 大盗不需要知道芝麻开门的咒语，只要看到阿里巴巴能让洞穴的大门打开就行了。在大零币网络中，这意味矿工只知道某一笔交易是有效的，但却不知道交易的付款方、接收方或任何交易资料，进而达到匿名的结果。

再举一个例子。

A 要向 B 证明自己拥有某个房间的钥匙，假设该房间只能用这把钥匙打开锁，而其他任何方法都打不开。这时有以下两个方法可以证明。

1）A 把钥匙出示给 B，B 用这把钥匙打开该房间的锁。从而证明 A 拥有该房间的正确钥匙。

2）B 确定该房间内有某一物体，A 用自己拥有的钥匙打开该房间的门，然后把物体拿出来出示给 B，从而证明自己确实拥有该房间的钥匙。

后面这个方法就属于零知识证明，其优势在于整个证明过程中，B 始终不能看到钥匙的样子，从而避免了密钥泄露的风险。

**3．大零币的特点**

大零币允许用户自由选择透明地址或屏蔽地址进行交易，为用户提供了较好的匿名灵活性。在屏蔽交易状态下，包括交易金额、交易地址、交易时间等所有交易细节都对第三方隐蔽，利用零知识证明验证交易的有效性，彻底打破了地址间的交易链接，匿名效果较好。

大零币的缺点：大零币使用的 zkSNARKs 是一种新的加密算法，相对 RSA（比特币使用的非对称加密算法）等其他技术，尚未经过广泛应用的检验。同时，大零币由 Zcash Company 主导开发，其公司及负责人身处美国，必须遵守当地关于互联网隐私的法律，如果受到某些政府机构的审查，大零币的匿名性或将受到挑战，因而存在着一定的中心化风险。

# 3.4  匿名币的发展趋势

匿名币在一定程度上填补了匿名交易的市场需求。匿名币降低了交易地址的可追踪性，这一特点使其大量应用于大额资金的交易过程中。

　　然而，匿名性与中心化的监管有着天然的冲突，传统金融机构遵循着了解客户（KYC）的规则，如不能清晰识别客户身份，便会限制对客户提供的金融服务，以此减少违法行为的发生。匿名币降低了地址间的关联性和可追踪性，使交易者真实身份难以被确认，这一点常常被犯罪分子利用，成为金融违法活动的资金流通工具。同时，从用户安全的角度考虑，一旦用户持有的匿名币被盗，由于追溯困难用户权益很难得到保障，因此匿名币面临着比普通数字货币更大的政策不确定性。

# 第 4 章

# 稳定币——注重价
# 值稳定的数字货币

　　目前市场上主流的加密数字货币都是非稳定币，即币值随市场波动而不断发生变化、不与法币进行锚定的数字货币，其典型代表就是比特币。

　　从长远来看，这一状况实际上阻碍了数字货币在现实世界的应用。因为价格波动过于剧烈，数字货币在很多场景下很难满足货币的职能：如果一个数字货币的购买力持续波动，那就无法用加密数字货币发工资（作为支付手段）或是对其他商品计价（作为价值尺度）。

# 4.1　稳定币概述

### 4.1.1　什么是稳定币

稳定币是一种可以用来和特定的指数资产保持固定比例兑换的特殊加密数字货币，具有价值恒定、不会暴涨暴跌的特性，先天适合作为区块链世界与实体经济的联系纽带。

世界上第一种稳定币是 Tether 公司在 2014 年发行的 USDT 泰达币（其 Logo 如图 4-1 所示），近年来又出现了诸如 MakerDao、TrueUSD、Bitshares、Basecoin 等一系列稳定币，这些项目都针对价格稳定、可伸缩性、去中心化等要素提出了自己的解决方案。

图 4-1　USDT 的 Logo

基于区块链的稳定币不仅可以作为法币和加密数字货币的交易媒介，同时其跨国性的特征天然可以作为跨境支付的媒介。

目前传统的汇款方式远没有达到所谓的"即时"与"高效"，且往往会使客户花费不必要的交易成本。基于区块链技术的稳定币，可以提高资产转移的速度和稳定性，特别是对于金融基础设施尚不成熟的发展中国家而言。

### 4.1.2　稳定币的分类

总体来说，稳定币大致可以分为以下三种类型。

（1）与法币挂钩的稳定币

目前，市场中约有 66% 的稳定币与美元挂钩。例如，主流稳定币 USDT 与美元挂钩，同时它也是全球市值排名前十的加密数字货币之一。

事实上，所有与法定货币挂钩的稳定币只不过是一张数字银行收据。该收据表明，某特定银行持有特定数量的美元、欧元、卢布或其他法币。这种模式下，用户持有稳定币实际上持有的是稳定币发行公司的借据。中心化的发行公司将自身的资产进行抵押以发行稳定币，每个稳定币都对应着其存于银行的等值资产，从而确保用户所持有的稳定币可以按照比例兑换回法币，代表项目是 USDT。

这种模式的优点易于理解，整个流程非常直观，而且有资产抵押，但缺点在于发行公司存在信任风险。因为该稳定币是由中心化的私人公司发行的，没有任何机构能够证明他们将资产足额抵押在银行，实际上存在信用超发或资产转移的可能性。此外，还必须相信发行方愿意用资产去承兑这些借据。

因为 USDT 具有这些缺点，后续采用这个模式的项目都试图在监管透明性和资产托管上做出一定改进，如 TrueCoin、TrueUSD 等。

（2）与大宗商品挂钩的稳定币

与大宗商品挂钩的稳定币是实体经济、国家间贸易和加密数字货币间的桥梁，其特点是去中心化和透明性，它们的价值与周转率挂钩，不过尴尬的是此类稳定币当中的很大一部分所锚定的大宗商品恰恰是一些不稳定的数字货币。

区块链项目 MILE 就属于此类,其包含 MILE 和 XDR 两种代币。如果说 XDR 是一种与 SDR(Special Drawing Right,即特别提款权,亦称"纸黄金")挂钩的稳定币,那么 MILE 则是一种波动性较大的代币。

(3)算法型稳定币

算法型稳定币不与任何抵押品挂钩,其供应和目标价格仅由代码控制。这类稳定币完全去中心化,没有第三方参与,扩展性较高(在发行额外的稳定币时无须抵押更多资产)。

前两种模式的本质都是资产抵押,区别仅在于使用中心化货币(资产)还是去中心化的货币(资产)来做抵押。第三种模式在思路上和前两种完全不同,采用的是算法央行的模式,其宗旨就是通过算法自动调节市场上稳定币的供求关系,进而将稳定币的价格稳定在和法币的固定比例上。

算法型稳定币借鉴了中央银行调节货币供求的机制。现实中,央行可以通过调整利率(存款准备金率、基础利率等)、债券的回购与逆回购、调节外汇储备等方式来保持购买力的相对稳定。而在算法型稳定币中,算法银行也可以通过出售/回收股份、调节挖矿奖励等方法来保证稳定币的价格相对稳定。

算法银行的致命风险是对稳定货币的未来需求会一直增长的假设。如果稳定币跌破发行价,就需要吸引投资者来购买股票或者债券,这背后基于的是未来该稳定币需求看涨的预期。如果该稳定币需求萎缩或者遭遇信任危机,那么算法银行将不得不发行更多的股票或债券,这在未来又会转化为更多的货币供给,长期来看会陷入流动性风险。

也就是说,算法型稳定币消除了信任风险,但仍会面临流动性风险。目前市场上的这类项目主要有 Basecoin、Nubits、Caborn 等。

## 4.2 Facebook 的稳定币探索——Libra

2019 年 6 月 18 日，市值为 5395 亿美元、在全球拥有 26.6 亿用户的社交巨头 Facebook 正式发布了加密数字货币项目 Libra 的白皮书，这标志着以 Facebook 为代表的互联网企业向区块链行业进军的脚步在加速。"Libra"词义为天秤座，象征公正和公平，同时也是古罗马的货币计量单位，所以 Libra 又被称为天秤币。

Libra 白皮书中构建了一个宏大壮阔的金融愿景，声称要"建立一套简单的、无国界的货币和为数十亿人服务的金融基础设施"，Libra 计划于 2020 年正式发行。

Libra 由一篮子银行存款和短期国债作为储备资产，意图在区块链网络上实现低波动、低通胀、全球通用的数字货币。

### 4.2.1 无国界的货币

很长一段时间以来，加密数字货币价格波动过大，难以履行货币的交易媒介和价格尺度职能。从 2018 年下半年开始，以单一或一篮子法币和数字资产（以以太坊为主）为抵押资产的稳定币和通过"算法央行"调节供需实现价格稳定的稳定币的市场份额逐步扩大，稳定币的出现为数字货币市场提供了更多的流动性。Libra 的出现顺应了这一发展趋势，它将一篮子银行存款和短期国债作为储备资产（抵押品）。

在治理机制方面，Facebook 没有对 Libra 进行独家经营，而是采用多中心化治理模式，Libra 在瑞士日内瓦注册了协会，由协会成员共同负责项目的技术维护和资产储备管理，目前 28 个初始成员中包括了

Visa、Mastercard、Paypal 等巨头，协会计划将成员扩充到 100 个。

从 Facebook 公司层面来看，发行 Libra 具有重要意义。2018 年 3 月，Facebook 涉嫌将用户隐私数据提供给一家名叫 Cambridge Analytica 的政治咨询机构。2018 年 5 月，《欧盟通用数据保护法案》正式生效，Facebook 首席执行官 Mark Zuckerberg 在欧洲议会出席听证会，并接受了质询。数据泄露事件和新的监管要求都对 Facebook 提出了新的挑战，Libra 的出台符合 Facebook 多元化的发展战略。

Libra 白皮书一发布就引起金融、互联网、区块链等行业以及各国监管部门的重视，中国、美国、英国、法国、德国、印度等国央行也通过不同渠道对此事表示密切关注。在 2019 年 6 月日本大阪 G20 峰会上，G20 批准反洗钱金融行动特别工作组提出的《加密数字货币监管指南》，其中也涉及 Libra。

Libra 作为锚定法币计价金融资产的稳定币，可能会对各国法币、商业银行体系产生冲击，对普惠金融具有一定的促进作用，在刺激各国研发法定数字货币的同时也会增大全球金融系统性风险。此外，Libra 的推出仍面临着全球监管的不确定性、地缘经济政治博弈加剧、合规成本较高以及联盟链向公有链转换存在困难等挑战。

### 4.2.2 Libra 的运作机制

#### 1. Libra 的内涵及价格稳定方式

Libra 属于链外资产抵押型稳定币，其储备资产将被分布式地托管在金融机构中。Libra 使用一篮子银行存款和短期国债作为储备资产，采用 100% 储备金发行方式，其价格并不锚定某一特定法币，而是根据其储备池中的一篮子法币资产决定，以美元、欧元、日元和英镑为主。

Libra 无独立货币政策，价格波动取决于外汇波动，机制类似于特别提款权（Special Drawing Right，SDR）。Libra 不具备权益类资产的增值功能，也不具备投机属性，投资收益将用于保持较低的交易手续费、覆盖系统运行成本以及向协会初始成员分红。Libra 用户不具有对储备资产投资收益的分红权，仅享受便利支付的权利。Libra 协会将选择一定数量的金融机构作为授权经销商，这些经销商可与资产储备池直接进行双向交易，使 Libra 价格参考一篮子货币保持相对稳定，但用户不具备与资产储备池交易的权利。

就操作方式而言，Libra 以标准化程度较高的金融资产作为储备产生即时流动性。在 Libra 内部经济系统中，Libra 协会扮演着央行的角色：只有 Libra 协会具有制造和销毁 Libra 代币的权利，经销商用符合要求的储备资产向协会购买代币构成 Libra 的发行行为，经销商向协会卖出代币换取储备资产构成 Libra 的销毁行为。

Libra 的储备资产并没有包含黄金，主要原因在于黄金需要较高的运输和存储成本，作为数字金融时代下产物的 Libra 难以选择商品货币时代的象征——黄金作为储备。

值得特别注意的是，Libra 的诞生极大地依托了比特币的底层技术——区块链。在 2008 年国际金融危机后，除了以比特币为代表的用去中心化的技术改良货币金融体系外，由时任中国人民银行行长提出的超主权货币方案则是另一主张。超主权货币可以在克服单一主权信用货币内在风险的基础上调节全球流动性，当前具有代表性的超主权货币为 SDR，但其作用至今没有得到充分发挥。Libra 在经济模式上采用了超主权货币的构想，在底层技术上采用了比特币的底层技术——区块链，在一定程度上结合了两种具有较大影响力的货币金融体系改良方案，兼顾了前瞻性和务实性。

### 2．Libra 区块链的技术特征

Libra 提出了由许可链向非许可链过渡的中长期构想：在运营初期采用的是基于 Libra 的 PBFT 共识机制的联盟链，即使三分之一的验证节点发生故障，PBFT 共识协议的机制也能够确保其正常运行。

许可型区块链包括联盟链和私有链，Libra 采取的是联盟链的形式，主要针对某些特定群体的成员和有限的第三方，内部指定若干预选节点为记账人，区块生成由所有记账节点共同决定，其他接入节点可以参与交易，但不参与记账过程。非许可型区块链即公有链，符合技术要求的任何实体都可以运行验证者节点。联盟链的治理机制和经济激励不同于公链，更加偏向传统公司治理，对于记账节点具有较高的准入门槛。

Libra 协会认为，目前没有成熟的公有链方案可为全球数十亿用户提供稳定安全的金融服务，Libra 只能采取联盟链的方式，但健全完善的公有链是区块链的长期发展方向，因此 Libra 将逐步实现从联盟链向公有链的过渡。这体现了 Libra 项目方的务实态度，即根据客观情况在联盟链与公有链之间进行取舍，但在联盟链发展到一定程度之后能否顺利过渡到公有链尚存疑问，因为联盟链状态下下错综复杂的利益纠葛将增加其向公有链转化的难度。

Libra 采用的联盟链需满足以下要求：第一，安全可靠，以保障相关数据和资金的安全；第二，较强的数据处理能力和存储能力，能够为十亿数量级的用户提供金融服务；第三，异构多活，支持 Libra 生态系统的管理及金融创新。但要实现上述要求仍然面临着严峻的挑战，Libra 协议最初仅支持 1000 TPS（Transaction Per Second，每秒事务处理量），这显然达不到要求，在保证安全可靠和异构多活的情况下提高数据处理能力是 Libra 在技术层面需要突破的重点。此外，Libra 在

技术上的一大创新点是采用了新型编程语言"Move"用于实现自定义的交易逻辑和方式，与现有区块链编程语言相比，Move 语言增强了数字资产的地位，使得开发者能够更加安全和灵活地在链上定义和管理数字资产。

### 3. Libra 协会的治理机制

Libra 协会注册地是瑞士日内瓦，协会成员由联盟链的验证节点组成，目前包括 Facebook、MasterCard、PayPal 等 28 个节点，涵盖了支付、电信、投资、区块链等多个领域，具有多中心化的治理特征。

Libra 协会选择注册在瑞士有两个主要原因：瑞士的数字货币政策较为宽松，瑞士金融市场监督管理局于 2018 年颁布了《关于首次代币发行监管框架的查询指南》，具有较为明确的监管框架，瑞士城市楚格更是有"数字货币之谷"之称；同时，瑞士是历史上著名的中立国，注册在瑞士更有利于把 Libra 打造成一个全球性项目。

Libra 协会的职能包括：继续招募成员作为验证者节点，预计数量为 100 个；筹集资金以启动生态系统，每个验证节点出资 1000 万美元，享有 1% 的投票权，初期储备资金为 10 亿美元；设计和实施激励方案，包括向成员分发此类激励措施；制定协会的社会影响力补助计划等。

Libra 虽然最早由 Facebook 发起，但 Facebook 在 Libra 协会中并没有特殊地位，只在早期负责筹备事宜，在 2020 年决策权将被转移到 Libra 协会。Libra 协会的规章制度旨在保证成员平等性和开放性，每个成员享有 1% 的投票权，各成员在 Libra 协会框架之外还可能还存在合作和竞争关系，所以 Libra 协会成员关系更类似于"网络组织"。

尽管从注册地、运作理念、操作模式等方面来看，Libra 是一个全球性的多中心项目，但是当前 28 个协会成员大都是美国企业。虽然投票机制设置上较为公平，但美国企业已经有四分之一左右的投票权，可以预见的是继续吸纳的成员里美国企业仍然可以占到相当比例，这就降低了 Libra 的全球化属性。

### 4.2.3　Libra 的潜在影响

#### 1．对各国法定货币的影响

Libra 对各国法定货币的影响不尽相同，对美元的综合效应可能表现为信用增强效应，而对欧元、日元、英镑的综合效应可能表现为信用减弱效应，对币值不稳的小国主权信用则可能具有摧毁作用。

整体而言，Libra 对美元存在两个维度的效应：从国际结算维度而言，Libra 与美元存在竞争关系；从储备资产维度而言，Libra 和美元则互相支持。从美国国内视角来看，Libra 是以硅谷为聚集地的科技企业第一次以群体的形式染指华尔街的金融权力，在金融科技（Fintech）的"金融"和"科技"二者之间，Libra 体现着科技渐强之势。

而对于美元之外的法币，尤其是币值不稳的法币，Libra 可能会产生货币替代效应。进入 21 世纪后，全球美元化的程度尽管有所降低，但发生过严重通货膨胀国家（如委内瑞拉、阿根廷）的居民仍具有较强的持有美元资产的动机。Libra 的诞生将会对 2008 年国际金融危机以来再次流行的资本管制政策造成一定程度的冲击，进一步提高通货膨胀严重的国家居民获得稳定币的积极性，并对这些国家的货币金融体系产生冲击。

#### 2．刺激各国法定数字货币的研发

Libra 稳定币的发行方式给各国发行法定数字货币提供借鉴的同

时，也对法定数字货币研发具有刺激效应。除厄瓜多尔、委内瑞拉、突尼斯、塞内加尔以及马绍尔群岛等国先后发行过法定数字货币外，各主要国家也已启动对法定数字货币的研发：2016 年 6 月，加拿大央行启动 Jasper 项目；2018 年 3 月，新加坡金融管理局启动 Ubin 项目；2018 年 9 月，欧洲央行和日本央行联合开展了 Stella 项目。中国人民银行对于法定数字货币的研究走在了世界前列，2014 年即启动了对数字货币的专门研究，2017 年 7 月，中国人民银行数字货币研究所正式挂牌成立。

**3．对普惠金融具有积极意义**

Libra 可以实现跨国界、跨平台流通，在无须相关征信的情况下触达更加广泛的受众，实现低门槛开户和零成本接入，进而提高金融服务的可获得性。

此外，Libra 协会成员具有广泛的客户基础，可在其产品上设置 Libra 接口，这将进一步提高了普惠金融的深度和广度。同时 Libra 也引起了全球范围内科技行业对金融业的关注、思考甚至参与，这也是另一种形式的"普惠金融"。

### 4.2.4　Libra 面临的挑战

**1．各国监管存在不确定性**

Libra 的发布对各国金融监管当局造成很大触动，不少国家的金融监管部门负责人对 Libra 进行过表态。总体而言，除了美联储主席和英国央行行长表态相对积极之外，美国众议院金融服务委员会主席、法国财政部长、欧洲议会德国议员、日本央行行长以及澳大利亚央行行长更多地对 Libra 表示出审慎和警惕的态度，认为 Libra 必须置于严格完善的监管框架之下。

Libra 作为一个超主权项目，需要各国监管机构和国际组织的协同合作。2019 年 6 月，在日本大阪举行的 G20 峰会上，Libra 成为重要议题之一。2019 年 7 月，G7 集团成立 Libra 联合工作组，研究如何加强反洗钱、反恐怖主义融资以及消费者保护规则等方面的监管。

Libra 作为多中心机制的全球性项目，各国监管的不确定性将为其带来巨大挑战。

**2．存在地缘经济政治博弈**

货币国际化从来都不只是经济金融问题，也是政治、文化和外交等方面的问题。尽管货币具有网络外部性，理论上流通区域越广、应用场景越丰富则边际成本越低，但在现实中，由于政治、文化、历史等原因，货币一体化进程阻力重重。从各国监管层对 Libra 的态度中也能反映出地缘经济政治博弈的端倪，目前除美联储和英国央行表态相对积极外，其余监管机构基本的态度都是审慎和警惕。

**3．合规成本较高**

Libra 协会注册地是瑞士日内瓦，如果 Libra 在瑞士发行，则其应受到瑞士金融市场监督管理局监管，Libra 协会至少应具备瑞士数字货币的相关牌照。

在 Libra 流通到某国和被某国居民使用后，该国监管部门则可根据属地原则对 Libra 提出监管，并要求其获得相关牌照，如果多数国家采取这一措施将极大地提高 Libra 的合规成本。

此外，Libra 的抵押资产分布式地托管在金融机构中同样面临着诸如审计标准不统一的合规问题，甚至可能会引起抵押资产的信用问题。另外，由于经销商分布全球，Libra 的流量入口具有多场景性，在反洗钱、反恐怖主义融资等方面的要求也会非常复杂。

### 4．联盟链向公有链转换存在困难

Libra 锚定的是法币计价资产，单纯依靠法币资产的信用支撑私人信用，并没有独立货币政策，法币金融体系的波动也会严重影响其价格稳定。

Libra 白皮书给出了由联盟链向公有链转化的规划，过渡周期为五年。公有链意味着更高的治理水平、更加市场化的运作机制以及更低的运营成本，但当前并无从联盟链向公有链转换的成功案例。Libra 一旦运行即为一个包含了大型互联网企业、支付企业、金融机构的庞大货币金融联盟，协调运转机制复杂，转型为去中心化组织的难度极大，公有链远景能否实现具有巨大不确定性。

## 4.3 其他主流稳定币

### 4.3.1 USDT

泰达币（USDT）是 Tether 公司推出的基于稳定价值货币美元（USD）的代币 Tether USD（下称 USDT），1USDT=1 美元，用户可以随时使用 USDT 与 USD 进行 1：1 兑换。Tether 公司严格遵守 1：1 的准备金保证，即每发行 1 个 USDT 代币，其银行账户都会有 1 美元的资金保障。用户可以在 Tether 平台进行资金查询，以保障透明度。

2014 年 11 月下旬，注册地为马恩岛和中国香港的公司 Realcoin 改名为 Tether。2015 年 2 月，USDT 发布时就得到了当时比特币期货交易量最大的交易平台——Bitfinex 的支持，这家交易平台宣布支持 USDT 交易。随后 Poloniex 交易所也宣布支持 USDT，P 网（Poloniex 交易所）的加入极大地提振了 USDT 的交易量。

USDT 的发行和交易使用的是 Omni（原 Mastercoin）协议，而 Omni 币可以说是市面上的第一个基于比特币区块链 2.0 的币种，所以 USDT 的交易确认等参数是与比特币一致的。

根据 Tether 的 CTO 及联合创始人 Craig Sellars 表示，用户可以通过 SWIFT 电汇美元至 Tether 公司提供的银行账户，或通过 Bitfinex 交易所换取 USDT；赎回美元时，反向操作即可。用户也可在上述两个网站用比特币换取 USDT。

Tether 官网宣称其将严格遵守 1∶1 的准备金保证，即每发行 1 枚 USDT，其银行账户都会有 1 美元的资金保障。作为担保物的美元将由 Tether Liminted 公司保管，并有定期审计，但目前用户还不能直接查询保证金。

USDT 的优点在于非常直观和稳定，始终和美元保持大致 1∶1 的比例。但缺点在于 Tether 的发行完全是中心化的，其发行、承兑、监管、运营全部集中在 Tether 公司，资金托管情况不透明，存在超发的可能性。

USDT 官网为：https∶//tether.to/。进入 USDT 官网，即可注册登录更进一步体验 USDT 产品。

### 4.3.2　TUSD

TUSD（TrueUSD）是以 USD（美元）为支持的 ERC20 稳定币，和 USDT 一样，TUSD 也是按 1∶1 的比例锚定美元，承诺以实际存储在银行或信托公司中的美元提供 100% 的稳定价值。

区别于 USDT 不透明的运作机制，TUSD 的美元资产完全抵押，受法律保护，由第三方公司公开审计。并且为了提高安全性，TUSD 的所有资金交由信托公司处理，TUSD 系统不处理或获取托管资金，这从根本上保障了资金安全。同时通过智能合约，USD 入账确认后会生成相应的 TUSD，而在赎回 USD 时则会自动销毁相应的 TUSD，以此来动态保持 TUSD 和美元的 1∶1 锚定关系。

### 4.3.3　BUSD

2019 年 9 月 5 日，币安与 Paxos 信托公司对外宣布合作，双方共同合作推出了一款锚定美元的稳定币——BUSD（Binance USD）。据悉，Paxos 是首家受到监管的区块链领域信托公司，它在以数字化方式促进资产流动和托管方面具有独到的优势，该公司也推出过 PaxosStandard 代币（PAX）、PAX Gold（PAXG）和针对商品的 Paxos 确认服务，以及 itBit 数字资产交易平台和相关服务，包括交易担保、资产托管和场外交易等功能，在数字资产交易等方面经验丰富。

据 BUSD 官方宣称，在市场上流通的每一枚 BUSD 都有对应的 1 美金资产存放在银行，以"背书资产总量大于 BUSD 总发行量"为铁律，采用独立的第三方会计事务所对资产进行审计并定期将审计结果予以披露。

目前，BUSD 已经和众多海外商户达成了战略合作关系，积极构建、完善稳定币现存的生态系统，未来将为广大客户提供更多的应用场景，推进区块链支付朝着共识化方向发展。币安（Binance）用户还可以使用 8 种法币（USD、EUR、CNY、RUB、VND、GBP、JPY、CAD）买入 BUSD，并且支持通过信用卡、电汇、金融中介机构等多种支付渠道进行支付。

作为币安官方美元锚定稳定币，BUSD 在推出仅 6 个月后市值即突破 1 亿美元大关。截至 2020 年 9 月 9 日，BUSD 市值突破 2.5 亿美元，为 2019 年 9 月发行以来的新高。超过 40000 名用户通过币安和持有 BUSD，且用户数正在以每周 20% 至 30% 的速度快速增长。

随着 BUSD 在加密数字货币业内接受度的提升，支持 BUSD 的社区也在不断壮大。BUSD 的官网为：https://beassets.io/#/。

### 4.3.4 MakerDao

MakerDao 有两种货币，一种是稳定币 Dai，另一是管理型货币 Maker。Dai 是由抵押加密数字资产支撑的加密数字货币，其价格和美元保持 1：1 稳定。Maker 是以太坊上的智能合约平台，通过抵押债仓（CDP）、自动化反馈机制和适当的外部激励手段支撑并稳定 Dai 的价格。

Dai 和 Maker 是相互补充的关系，一方面 Maker 的持有人可以投票决定哪些资产可以被纳入到抵押资产中来，另一方面当人们抵押资产归还 Dai 的时候还需要用 Maker 支付一部分手续费用。

此外，Maker 同时也是系统的救市资产。当市场出现极端的波动，出现抵押严重不足的情况下，系统会增发 Maker 来回购 Dai，用来保护稳定货币的价格稳定。

相比较 USDT 来说，MakerDao 的去中心化性质更强，任何人都可以抵押合格资产来生成 Dai，因此在信用风险、法律风险以及其他极端风险防护方面做得更好。

## ■ 4.4 稳定币的发展趋势

就应用场景而言，稳定币是个人投资者进入数字货币市场的过渡器、机构投资者的风险管理工具、企业融资后合规及避险的手段。

目前市场规模最大的稳定币 USDT 其实就是看到了比特币的不稳定

性给用户所带来的问题，用户需要将自己的法币兑换成某种币值相对稳定的加密数字货币，然后才能更方便地开始投资行为，所以选择将USDT打造成可以作为交易凭证的、价格稳定的数字货币。在未来，随着稳定币种类的增加，币与币之间的竞争会愈发激烈，只有拥有明确的使用场景，能得到用户和开发者共同认可的稳定币才有机会获取更大的发展。而最好的使用场景，目前看来可能会出现在支付领域。

具体来说，未来相当长的一段时间内，稳定币市场的发展趋势主要有以下两点。

（1）数字经济时代，数字资产的交易流转对稳定币有客观需求

与数字经济发展相伴随的是数字资产种类数量的不断增多，数字资产市场规模的不断壮大，数字资产产权属性的不断强化，数字资产流转需求的不断显现。其中，区块链很可能成为数字资产登记与交易的主要技术平台，而"代币"很可能成为数字资产的主要技术表现形式。当大量的数字资产基于区块链登记和交易时，必然需要使用基于区块链技术的稳定币来承担价值尺度、流通手段和储藏手段等功能。

（2）民间稳定币和受监管稳定币将不断出现

数字经济的快速发展和法定数字货币的缺位将在一定程度上催生各类民间稳定币。据统计，2019年9月份就有15家机构宣布推出共13种稳定币。虽然稳定币不以融资为目的，但在监管不力的情况下，超发和挪用准备金的现象很难避免，对各类稳定币的监管应引起相关监管部门的密切关注。

# 第 5 章

## 央行数字货币——

## 数字化的主权信用货币

2019 年 6 月，美国社交巨头 Facebook 的一份 Libra 白皮书震惊全球。币圈、链圈以及 Facebook 全球 24 亿用户都在期待着一个更加方便、快捷的全球支付系统上线。

而面对 Libra 的横空出世，代表传统信用货币体系的各国央行也是纷纷计划加速推出自己的央行数字货币 CBDC。

可以想见，央行数字货币必将在未来某个时期落地，届时资产转移更加迅速，全球贸易更加方便，金融行业也将迎来进一步的革新与发展。

# 5.1　央行数字货币概述

央行数字货币（CBDC）是法定货币的数字化形式，是基于国家信用且通常由一国央行直接发行的数字货币，以代表具体金额的加密数字串为表现形式。在全球数字经济飞速发展的背景下，在比特币和 Libra 天秤币的冲击和挑战下，央行数字货币成为世界主要经济体关注的焦点。

## 5.1.1　什么是央行数字货币

CBDC（Central Bank Digital Currency，央行数字货币）是国际货币基金组织 IMF 对于央行数字货币的统称。目前对于央行数字货币的定义，普遍采用 IMF 所给出的论述："CBDC is a new form of money, issued digitally by the central bank and intended to serve as legal tender."，即央行数字货币是一种新型的货币形式，是由中央银行以数字方式发行的、具有法定支付能力的数字货币。

在讨论央行数字货币之前，首先要讨论货币形态的问题。如果我们去咖啡店买一杯咖啡，此时有两种支付方式，一种是拿出现金交给收银员完成支付；另外一种是把信用卡拿出来刷卡支付，或者使用支付宝、微信进行支付。

现金支付是传统的以标的或者物品所代表的货币形态进行支付。微信支付、支付宝和信用卡的物理形态并不一致，但使用它们进行支付时，其背后涉及的都是银行转账，三者都是以账户计账为基础的支付形式。

这两种支付方式体现了央行货币具有的两种形态，一种是现金；另外一种就是商业银行在央行持有的准备金。从数额上来说，准备金的数量比较大一些。

除了商业银行在中央银行持有的准备金和现金之外，央行发行的数字货币也是央行的负债。央行发行的数字货币把现有的两种货币形态进行了结合，它既是数字化的、非实物形态的，同时又可以是以标的形式、不由具体账户持有的、可以进行点对点进行支付的。央行数字货币在许多方面与市面上现有的市场化的数字货币有很大区别，如表 5-1 所示。

**表 5-1　央行数字货币和比特币的区别**

| 架构设计 | 央行数字货币 | 比特币 |
| --- | --- | --- |
| 网络架构 | 层级架构 | 扁平化网络 |
| 网络模式 | 联盟链 | 公有链 |
| 记账机制 | 合作性记账 | 竞争性记账 |
| 发行机制 | 央行发行 | 挖矿机制 |
| 发行数量 | 灵活 | 固定 |
| 发行成本 | 低 | 高 |
| 交易媒介 | 有 | 有 |
| 价值尺度 | 有 | 无 |
| 价值储藏 | 有通胀风险 | 有通缩风险，价格波动大 |
| 本位币 | 是 | 否 |

### 5.1.2　央行数字货币的特点与作用

**1. 央行数字货币的特点**

（1）发行、维护成本低

央行数字货币的发行完全不同于传统的纸质货币，传统的纸质货币需要经过前期设计、制版印刷，成本较高，同时运输成本和后期管理投入也需要花费大量资金。央行数字货币的费用投入大多集中于前期线上平台和应用模式的开发，而后期只需要进行系统性的维护，相对来说发行成本和管理成本都要低得多。

（2）交易速度快、时效性强

央行数字货币与传统货币相比交易速度更快，其去中心化的特点，直接采用由点到点的数字化交易模式，意味着不需要第三方清算机构来处理数据。因此，央行数字货币的交易处理速度更迅速，用户使用的时间成本也大大降低，时效性更强。

（3）恒量发行、可控性强

央行数字货币的发行数量取决于发行机构的规划和市场需求，可控性强，不会盲目发行，有限的发行数量决定了央行数字货币不会对金融市场造成较大的负面影响。在市场的合理运行和管理下不会引起通货膨胀。

（4）便于追踪、安全性强

央行数字货币交易的数字化程度高，由于采用高强度的加密算法，安全性很强，很难被窃取或伪造。央行数字货币的交易者能够及时追踪和监督每一次交易记录，具有高度的可控匿名性和可追溯性。

**2．央行数字货币的作用**

（1）减少现金使用量，提高流通效率

央行数字货币和流通中现金的地位是相同的，具有强制性和无限法偿性。央行数字货币可以凭借其独特的便利性和可离线支付性在某些合适的应用场景中逐步代替现金的使用，从而减少传统货币的市场发行量，降低货币的实际发行成本。

（2）促进金融监管，抑制不法行为

央行数字货币的底层技术主要以区块链为主，任何可以提高流通效率的技术都可能会被运用，中心化的运营模式和非分布式账户的管理形式将会使每一笔交易都能够得到有效监管，对于非法洗钱、非法融资和非法逃税具有很好的抑制作用。金融监管者可以对央行数字货币的具体流向进行精确无误的跟踪和分析，有效避免和打击对用户金融信息的非法窃取和利用行为，同时也能够准确及时地判断市场的有效需求，对货币进行精准投放和回笼，确保央行数字货币在市场运行中的稳定性。

（3）隐私保护更有效，交易过程更加透明

央行数字货币具有高度的可控性、匿名性和防伪性，并以国家信用作为支撑，可以在确保交易者隐私安全的情况下，实现匿名且合法的流通。与传统货币相比，央行数字货币的整个交易过程会更加透明化，交易者可以十分清晰地了解到每一笔钱款的具体去向，金融机构可以及时对交易过程进行监管，在必要时实施合理管控。

### 5.1.3　各国央行数字货币发展现状

沿着时间线来看，2020 年 1 月，国际清算银行与欧洲央行、英国央行、瑞典央行、瑞士央行、日本央行和加拿大央行共同成立央行数字货币组织，开展央行数字货币的研发。

2020 年 2 月 11 日，美联储主席表示正在研究央行数字货币，但尚未决定是否推出数字美元。

2020 年 2 月 21 日，瑞典央行在全球率先进行其央行数字货币电子克朗（e-krona）测试，这是首次由一家中央银行进行数字货币试验；紧随其后的法国央行也发布了央行数字货币实验应用方案征集令，将在 2020 年 7 月 10 日前，选出最多 10 个方案进行下一步的试验；同月，韩国央行宣布将于 2021 年 1 月开始进行央行数字货币试点测试。

2020 年 3 月 2 日，Algorand 基金会 Algorand（ALGO）是由麻省理工学院（MIT）教授、哥德尔奖（Gödel Prize）得主、图灵奖（Turing Award）得主 Silvio Micali 领导开发的一个区块链项目，其本质是一种新型的付款协议，换句话讲就是和比特币一样的分布式记账本。该项目由 Algorand 项目基金会推动。宣布帮助马绍尔群岛打造其央行数字货币 SOV，让 SOV 与美元共同在该国流通，以帮助马绍尔群岛在全球经济中高效运转。

2020 年 3 月 12 日，英格兰银行（BoE）发布了名为《央行数字货币：机遇、挑战与设计》的报告，该报告长达 57 页，表明英格兰银行正在认真权衡发行央行数字货币的利弊。

数据显示，目前全球 60 多家央行中，有 18 家已经公开表示正在开发或即将推出自己的央行数字货币，其中至少有四个国家央行已经发行了该国的央行数字货币，其余 14 家正在开发央行数字货币。

各国在央行数字货币的架构设计和技术方面较为趋同，大部分采用中心化的发行方式，并结合分布式账本技术、非对称加密技术等基于区块链的技术手段增强整个货币体系的抗风险能力。

## 5.2 委内瑞拉的央行数字货币——石油币

2018 年 1 月 5 日，委内瑞拉总统马杜罗在电视讲话中表示，他已下令发行首批 1 亿个委内瑞拉的央行数字货币——石油币（PETRO），每个石油币都有委内瑞拉的 1 桶原油作为实物抵押，并且十分欢迎全世界的投资者来投资石油币。石油币的 Logo 如图 5-1 所示。

图 5-1　石油币的 Logo

2018 年 1 月 31 日，委内瑞拉政府就石油币的首次发行安排发表白皮书，宣布石油币总发行量为 1 亿枚，由委内瑞拉石油与贵金属储备背书，币值与委内瑞拉原油均价挂钩，总估值约 60 亿美元。

2018 年 2 月 21 日，委内瑞拉官方正式发行了石油币，发售首日完成了 7.35 亿美元的融资。

对于石油币，各方争议颇多。有人认为这是数字货币的创新，石油币将被用来进行国际支付，是主权国家委内瑞拉在国际市场上公开融资的一种新方式。这一央行数字货币将对委内瑞拉渡过目前的经济困难，打破美国的金融封锁提供帮助；也有人认为这是委内瑞拉政府的"庞氏骗局"。但是不可否认的是，石油币是第一个由主权国家发行并具有自然资源作为支撑的央行数字货币，是一种数字法币，每个石油币都有委内瑞拉的 1 桶原油作为实物抵押。

### 5.2.1　什么是石油币

石油币是委内瑞拉政府发行的一种主权加密资产，其以石油储备为支撑，具有跨境支付和国际融资功能。与比特币等现有数字货币的性质不同，石油币无须通过消耗电力和计算机算力挖矿而得，而是预先创建并由委内瑞拉政府发行和直接出售，类似于一级市场上公开发行的股票，且发行总量受政府控制，最终解释权也归委内瑞拉政府所有。

石油币不能直接兑换石油，但可以作为个人或机构缴纳税费和购买公共服务的支付方式。同时，石油币的发售不能以玻利瓦尔（委内瑞拉本国法定货币）支付，只能以美元或欧元支付。石油币与玻利瓦尔的汇率由官方授权的数字货币交易所每日公布。

据石油币白皮书表述，石油币具有以下三个功能。

1）交换手段。石油币可用于购买商品或服务，并且可以通过数字货币交易所兑换成法定货币和其他加密资产或加密数字货币。

2）数字平台。石油币具有让商品或原材料（电子商品）以数字形式表现的功能，可以为委内瑞拉国内和国际贸易创建其他数字工具。

3）交易投资。石油币将可在世界各地的数字货币交易所进行免费交易，也可以根据委内瑞拉相关法律进行直接交易。

石油币具有可分割性，总共被分为一亿份，最小的交易单位被称为Mene（0.00000001）。

### 5.2.2  石油币的发行机制

#### 1. 石油币的发行和分配

根据石油币的白皮书显示，石油币的总发行量为 1 亿个，发行参考价格为 60 美元/个，发行基础是 50 亿桶石油。发行过程是：定向预售3840 万个（Pre-sale），公开发行 4400 万个（Initial offer），剩余 1760 万个石油币将由委内瑞拉政府设立的数字加密货币管理机构（Supcacven）持有，石油币的发行分配比例如图 5-2 所示。

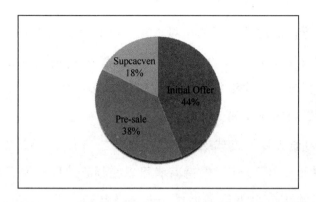

图 5-2　石油币的发行分配比例

### 2．石油币募集资金的使用

通过 ICO 筹集的资金将用于石油币技术及其生态系统的持续发展，以促进其大规模的应用。资金的使用将由区块链的智能合约对其进行透明的审计监察。石油币通过 ICO 募集的资金使用计划如下。

● 石油币项目：占比 15%，这部分资金用于石油币的技术开发和推广活动。

● 生态系统开发：占比 15%，这部分资金用于石油币生态系统的推广，将由 Supcacven 提案，石油币持有者通过区块链进行投票决定资金的使用。

● 技术开发：占比 15%，这部分资金专门投资于技术开发、基础设施、特殊领域和有助于国家经济发展的项目，特别是可以提高企业和国家机构生产力的区块链应用。

● 主权基金：占比 55%，这部分资金上交国家以支持石油币的使用。

### 3．石油币的购买和交易

由于石油币使用以太坊 ERC20 标准，因此理论上可以兼容以太坊钱包和交易所，这意味着石油币可以在加密数字货币交易所上实现与其他拥有相同标准的数字货币之间的交易。按照石油币白皮书的声明，2018 年 4 月起，石油币将可在委内瑞拉国内和国际上的加密数字货币交易所进行二级市场交易。

石油币可通过以下方式购买。

1）石油币 ERC20 代币的持有者可以在预售阶段交换石油币。

2）在石油币 ICO 开启后通过公开渠道购买。

3）在石油币 ICO 完成后通过二级市场购买。

### 5.2.3   石油币面临的挑战

对委内瑞拉政府而言，发行石油币的目的在于增强经济主权，即对内平息物价高企造成的经济社会危机，对外打破美国施加的金融制裁。然而，在其国内经济发展和国际政治博弈困境的背景下，石油币的发行和使用面临着诸多挑战，具体体现在以下几点。

（1）政府能力存疑

委内瑞拉官方在白皮书中预期，由于原油资源有其固有价值，石油币的价格将更加稳定可控，更适用于大宗交易与价值储存。委内瑞拉总统马杜罗则在石油币白皮书发布后的讲话中宣称，加密数字货币市场的动荡恰恰是因为投资者在石油币发行计划公布之后"重估全世界所有虚拟货币价值"的结果。

然而，委内瑞拉政府重估一切币值的宏大愿景难以掩盖石油币在技术性细节上的含混乃至自相矛盾。例如，石油币白皮书中宣布将开启"石油币集装箱"（Petro Container）项目，在全国各储蓄银行与高校开设官方矿场，然而当日公开的英文版官方白皮书中只字未提石油币的挖矿机制，而是宣称石油币在总量 1 亿枚的 ICO 完成后原则上将不会增发。此外，委内瑞拉官方对于石油币预售时间的说法也一度摇摆不定。2018 年 1 月 31 日最初公布的西班牙语版白皮书中称，石油币私募预售将从 3 月 1 日开始，然而英语版白皮书中则记为 2 月 20 日，马杜罗在公开讲话中亦采用了后者。

更加需要注意的是，截至 2017 年 11 月，委内瑞拉政府与国营的委内瑞拉石油公司（PDVSA）共负外债逾 900 亿美元，远远高于其外汇储备（不足 100 亿美元）。在 2017 年第三季度，委内瑞拉政府与 PDVSA 已多次未能按期支付利息，债务违约风险高企。如果石油币正式发行，委内瑞拉官方能否将占出口总额 95% 的原油优先用于兑付与石油币绑定的原油购销合同仍无法保证。石油币白皮书明确承诺过的石油币价值的依据仅限于政府对其作为税费缴纳手段的承认，而这与政府发行的传统法定货币并无根本区别。

（2）石油产能减少

关于石油币运行机制的最大疑点在于"原油担保"这一承诺本身。自 2017 年 12 月 3 日首次公布以来，委内瑞拉官方反复宣传石油币有本国石油储备背书，因此价值相比其他数字货币产品更为稳定，可作为投资与价值储存手段。2017 年 12 月 27 日，委内瑞拉总统马杜罗甚至签署了一项政令，将位于委内瑞拉境内奥里诺科重油带的阿亚库乔 1 号油田全部储量作为石油币首次发行的担保，该油田预计藏有 53.42 亿桶原油，总价值超过 267 亿美元。然而在 1 月 31 日发表的官方英文版白皮书中，都只承诺石油币可兑换其他加密数字货币或法币，或在线上交易中充当原油商品的代表物，并未提及作为担保的原油如何兑现，比如石油币持有者可否宣称拥有作为实物抵押的石油的所有权，或者货币会否如同债券一样运作等。

此外，委内瑞拉石油行业的产能也已捉襟见肘，难以应对高涨的债务与严重的贸易赤字。根据标准普尔统计，2017 年度委内瑞拉日均原油产量下降 29%，仅 12 月环比跌幅就高达 12%，日均产量降至 170 万桶，创下近 28 年来新低。2018 年 1 月，委内瑞拉的石油日均产量已经下跌至 160 万桶。该报告指出，囿于经济危机与国际制裁，委内瑞拉产油业面临设备投资匮乏、技术人才流失、债务负担加重等问题，使产能在 2017 年度开始严重收缩，且上述因素的作用在 2020 年仍将持续。

（3）政治考验严峻

石油币发布的同时，以比特币为首的全球加密数字货币市场正在经历一波退潮，资本投机的风险开始显现，此外，美国政府与委内瑞拉议会也已先后出手试图阻止石油币发行流通。

2018 年 3 月 19 日，美国总统特朗普颁布行政命令，禁止任何美国人或美国境内人员购买来自委内瑞拉官方推出的石油币。美国对石油币的直接制裁，恐将削弱国际资本对石油币的购买意愿。

除了来自美国的压力以外，石油币本身的政治色彩也有可能令潜在的投资者望而却步。在石油币白皮书中，委内瑞拉官方宣布通过石油币进行的一切交易都对第三方匿名，但将受到委内瑞拉区块链瞭望台（Observatorio Blockchain de Venezuela）监控，该机构隶属于委内瑞拉高等教育与科技部，这意味着围绕石油币的交易行为即便利用区块链技术的去中心化优势避免来自美国政府的封锁堵截，也会将交易信息暴露在委内瑞拉政府的监控之下。

2019 年 7 月，委内瑞拉总统马杜罗下令该国最大银行开设近 790 个石油币柜台。10 月，委内瑞拉政府表示，委内瑞拉支持石油币的零售商增至 93 家。11 月，总统马杜罗表示委内瑞拉人都可以从 11 月 5 日起使用本国货币玻利瓦尔·索贝拉诺购买石油币，并且可以用石油币购买房产。12 月，据 decrypt 消息，总统马杜罗宣布委内瑞拉公共部门的工人、退休人员和军队，将被发放 0.5 个石油币（据说价值 30 美元）作为假期奖金。

2020 年 1 月，委内瑞拉总统马杜罗表示，委内瑞拉将使用石油币结算其生产的石油和部分黄金。但在现有的委内瑞拉国情下，石油币的推行似乎并没有预想的那样顺利。

# 5.3　我国的央行数字货币——DC/EP

IMF（国际货币基金组织）把各主权国家所发行的央行数字货币统称为 CBDC，英文是 "Central Bank Digital Currency"，中国人民银行则把我国央行数字货币（也即法定数字人民币）称作 DC/EP（Digital Currency/Electronic Payment，DC/EP，即数字货币和电子支付工具）。

随着计算机和互联网技术的快速发展，人民币已经逐步实现电子化、数字化。流通在银行等金融体系内的现金和存款早已通过电子化系统实现数字化，而支付宝、微信支付等第三方移动支付的大规模普及，让流通中的人民币现金比重进一步降低，现在国人日常消费几乎不需要使用现金。

移动支付改变了人们生活的方方面面，带来快速便捷的支付体验。但当前的移动支付生态更多是商业驱动下的法定货币的电子化支付手段，而非真正意义上的数字人民币。

随着网络通信技术快速发展、大众消费日益频繁与活跃，加上民众购物消费习惯的变化及对货币流通安全性的考虑，人们越来越趋向于使用电子银行、电子支付而不愿携带纸币。因此，由央行提供比纸币更快捷、低成本的数字化货币媒介工具，是顺应时代发展之必需。

中国人民银行从 2014 年开始成立了专门研究小组研究央行数字货币。当前我国对于法定数字货币处于内测阶段，DC/EP 采取"中央银行—商业银行"的二元投放体系以及"一币、两库、三中心"运行框架："一币"指的是央行担保发行的 DC/EP，"两库"是指央行的发行库和商业银行的银行库；DC/EP 首先在央行和商业银行间发生转移，即 DC/EP 的发行与回笼，之后再由商业银行转移到居民与企业手中。"三中心"则是 DC/EP 发行与流通的技术保障，包括登记中心、认证中心和大数据分析中心。其中，登记中心负责记录发行、转移和回笼全过程的登记；认证中心负责对 DC/EP 用户的身份进行集中管理，这是 DC/EP 保证交易匿名性的关键；DC/EP 的一个关键是对反洗钱、反偷税漏税和反恐怖融资等行为进行严格的监管，通过大数据分析中心对于支付行为进行大数据分析，利用指标监控来达到监管目的。

### 5.3.1 什么是 DC/EP

DC/EP 就是人民币的数字化，其本质是央行负债，具备国家信用，与法定货币等值。DC/EP 具有法偿性，可用于小额、零售、高频的业务场景，相较于纸币没有任何差别。同时 DC/EP 不需要绑定任何银行账户，也不存在超发的可能性，将等价替换流通中的人民币现金，并且不会引发通胀。

DC/EP 体系在坚持双层运营、替代流通中现金（M0）、可控匿名的前提下，基本完成了顶层设计、标准制定、功能研发、联调测试等工作，并遵循稳步、安全、可控、创新、实用的原则。定位上，DC/EP 是 M0 的替代（纸钞和硬币），而不是 M1（M0+活期存款）、M2

（M1+定期存款）。与现金支付最大的不同是，DC/EP 不记名，只追踪使用者资金的流向，而这个记录将是透明的。

DC/EP 更加注重对 M0 的替代，这意味着它像实物现金（纸钞和硬币）一样具有不支付利息、无限法偿性、有限匿名性的特点，DC/EP 这一定位的主要原因有以下几方面。

第一，替代 M1、M2 无助于提高支付效率，且会对现有系统和资源造成巨大浪费。M1、M2 已实现电子化、数字化；支持 M1、M2 流转的银行间支付清算系统、商业银行行内系统以及非银行支付机构的各类网络支付手段等日益高效，能够满足我国经济发展的需要。

第二，M0 的数字化有待进一步完善。当前的 M0 容易匿名伪造，存在洗钱、恐怖融资风险；现有的银行卡和互联网支付基于现有银行账户紧耦合模式，无法完全满足公众对匿名支付的需求。现有的电子支付工具无法完全替代 M0；在账户服务和通信网络覆盖不佳的地区，民众对现金的依赖度高，设计中的 DC/EP 保持了现金的属性和主要特征，也满足了便携和匿名的需求，是替代现金比较好的工具。

### 5.3.2 DC/EP 的发展历程

2014 年，中国人民银行成立了发行法定数字货币的专门研究小组，讨论央行发行法定数字货币的可行性。

2016 年初，中国人民银行首度召开数字货币研讨会，明确了央行发行法定数字货币的战略目标。

2016 年 2 月 13 日，时任中国人民银行行长在接受《财新周刊》专访时表示数字货币作为法定货币必须由央行来发行，区块链是可选的技术。

2017 年 7 月 3 日，中国人民银行数字货币研究所在北京正式挂牌成立。

2017 年末，经国务院批准，中国人民银行组织工商银行、中国银行、浦发银行等商业银行和中钞公司、上海票据交易所等有关机构共同开展 DC/EP 的研发。

2018 年 2 月，上海票据交易所数字票据平台实验性生产系统正式上线试运营。

2018 年 3 月 9 日，时任中国人民银行行长在十三届全国人大一次会议"金融改革与发展"主题记者会中宣布，央行正在研发数字货币，名字叫"DC/EP"。

2018 年 3 月 28 日，中国人民银行召开 2018 年全国货币金银工作电视电话会议，提出扎实推进央行数字货币研发，开展对各类虚拟货币的整顿清理。

2019 年 8 月 10 日，时任中国人民银行支付结算司副司长在中国金融四十人论坛上表示，DC/EP 即将推出，DC/EP 是"账户松耦合"，即可脱离传统银行账户实现价值转移，使交易环节对账户依赖程度大为降低。

2020 年 4 月 14 日晚间，一张 DC/EP 在农行账户内测的照片在网络流传开，从网上流出的农行数字货币钱包截图看，其显示的主要功能与银行电子账户日常支付与管理功能基本相似，如农行数字货币钱包首页中，有"扫码支付""汇款""收付款""碰一碰"四大常用功能。

2020 年 4 月 17 日，中国人民银行数字货币研究所在回应 DC/EP 传闻时表示，当前网传 DC/EP 信息为技术研发过程中的测试内容，并不意味着数字人民币正式落地发行。目前数字人民币研发工作正在稳妥推进，数字人民币体系在坚持双层运营、M0 替代、可控匿名的前提下，基本完成顶层设计、标准制定、功能研发、联调测试等工作，并遵循稳步、安全、可控、创新、实用原则，先行在深圳、苏州、雄安、成都及未来的冬奥场景进行内部封闭试点测试，以不断优化和完善功能。越来越多的信息表明，央行数字货币正扩大测试的应用场景，以便为日后的正式落地发行做"演练"。

2020 年 4 月 22 日，雄安新区召开了 DC/EP 试点推介会，受邀名单参与研究数字货币的机构，包括工农中建在雄安的分行以及蚂蚁金服和腾讯的相关负责人。比较特别的是，此次受邀测试名单还包括 19 家 DC/EP 要落地的应用试点单位，具体名单包括中海 SPV、金丰餐饮、健坤餐饮、凯骊酒店、奥斯卡影城、麦当劳、星巴克、赛百味、金百禾、菜鸟驿站、银联无人超市、京东无人超市、维莱可烘焙、昆仑好客便利店、庆丰包子铺、中体倍力、中信书店、桃李阁、新时期无人车。参与测试的单位涉及餐饮、零售、快递、出行等行业，测试的应用场景丰富多样，这意味着 DC/EP 测试应用开始提速。

2020 年 10 月 9 日，深圳市"礼享罗湖促消费"活动再次展开。此次活动中最大的亮点莫过于深圳将会发放 1000 万元的"礼享罗湖数字人民币红包"。每个红包金额为 200 元，红包数量共计 5 万个。市民获得这一数字人民币红包之后，可以在 10 月 12 日 18 时至 10 月 18 日 24 时在罗湖区辖内已完成数字人民币系统改造的 3389 家商户无门槛消费。这次活动是数字人民币研发过程中的一次常规性测试，活动中发放的红包采取摇号抽签形式发放，抽签报名通道自 2020 年 10 月 9 日 0 时正式开启。在深个人可通过"i 深圳"活动预约平台登记申请抽签，中签后根据中签短信指引下载"数字人民币 APP"，开通"个人数字钱包"后，即可领取数字人民币红包。

### 5.3.3　DC/EP 的发行目的

虽然数字货币好处多多，但对人民群众而言，似乎微信支付和支付宝已经基本满足大家的支付需求了，为什么中国人民银行还要发行 DC/EP？

**1. 顺应数字经济浪潮**

数字技术不仅引起社会生产、生活方式的巨大变革，同时也为货币形态的重塑与创新创造了条件。货币形态在历经商品通货、金属货币、纸币、电子货币之后，正朝着数字货币的方向演化。

如果说金融是现代经济的核心，是实体经济的血脉，货币则是经济核心的核心，是流通在经济血脉里的血液，而法定数字货币堪称金融科技皇冠上的明珠，对未来金融体系发展影响巨大。

数字经济的发展需要数字金融，更需要法定数字货币。加快推进法定数字货币研发，对于助推数字经济发展意义重大。

国际清算银行 2019 年 2 月发布的工作论文《谨慎推进——对中央银行数字货币的一项调查（Proceeding with caution-a survey on central bank digital currency）》显示，在 63 家回应了其调查问卷的央行中，70% 正在（或很快）开展中央银行数字货币的研发工作，多个央行的数字货币研发已经进入实验或概念验证阶段。

我国自 2014 年开始启动央行数字货币的研发，经过近 6 年的深入研究，目前我国的央行数字货币 DC/EP 在技术上已经很成熟。同时，国家层面的重视以及第三方支付的普及也为数字货币的推广打下坚实的基础。

**2. 降本增效，防范风险**

现有的实物现金体系有若干痛点，纸币（包括硬币）的发行、印制、回笼、贮藏、防伪等各个环节的成本都非常高，而数字货币是没有这些成本的，因而发行央行数字货币有现实需要。

　　具体来说，现有的纸币和硬币有如下问题：发行、印制、回笼和贮藏等环节成本较高，流通体系层级多；携带不便；易被伪造、匿名不可控，存在被用于洗钱等违法犯罪活动的风险。

　　如今，大家都已经习惯了微信支付和支付宝的便捷性，所以中国人民银行发行 DC/EP 也是顺应现有互联网支付的趋势。但即使如此，还是存在着由于行业特殊性带来的监管主体不明确的问题，部分支付巨头的用户游离于监管之外，埋藏着引发系统性金融风险的隐患。DE/CP 的发行将为进一步加强支付通道的监管建立技术基础，有效防范风险。

### 3．捍卫国家货币主权

2019 年 6 月 18 日，Facebook 宣布推出数字货币 Libra，成为央行数字货币实践探索的重要转折点，引起多国央行的警惕。

　　各国警惕 Libra，一方面是因为 Libra 是一种超主权数字货币，如果推行成功，Libra 协会可能会在某种程度上成为"全球央行"的角色，这对任何国家的货币主权都将是一种挑战。

　　另一个更深层次的原因则是 Libra 的未来布局，Libra 背后有庞大的商业合作体系，其背后的主导公司 Facebook 覆盖了全球近 27 亿用户和 168 个国家，具备强大的影响力，这对各国未来的法定数字货币的推广都会产生较大阻力。

　　可以说，是 Libra 敲响了国家货币主权的警钟，进而引发了各主权国家研究和发行数字货币的浪潮。

### 4．为负利率创造空间

　　调节利率是央行重要的货币政策手段。例如，在经济下行、经济增长动能减弱、减税刺激效果减退或本币面临升值压力时，央行降低利率，以刺激消费或稳定汇率。

在实践中，负利率政策的表现形式主要是央行向对商业银行在央行的存款收取费用，以刺激商业银行放贷，使资金流入实体经济。瑞典央行自 2009 年 7 月首次实施负利率政策，其后丹麦、瑞士、欧洲央行和日本等多个国家或地区的央行实施了负利率政策，当然这些政策主要针对的是商业银行在央行的存款利率，大部分并未传导至个人存款利率。

在一个利率可以有效穿破零利率空间的银行体系中，央行可以实施负利率政策以应对通缩型衰退。随着技术的发展，中央银行发行数字货币是大势所趋，央行在需要时甚至可以将央行数字货币利率设为负值，未来数字货币替代现金将从机制上解决居民提取现金对负利率政策的制约问题。

### 5.3.4　DC/EP 的底层逻辑

#### 1. 双层运营模式

2018 年初，时任中国人民银行副行长发表了一篇文章《关于央行数字货币的几点考虑》，从那个时候起就确定了 DC/EP 的研发框架，即双层运营体系。

双层运营体系就是上面一层是中国人民银行对商业银行，下面一层是商业银行或商业机构对老百姓。具体而言，相较于直接对公众发行数字货币的单层运营体系，央行并不与民众直接接触，而是会先把数字货币兑换给商业银行/其他运营机构（商业机构/其他运营机构向央行全额、100% 缴纳准备金），再由商业银行/其他运营机构兑换给公众。

由于双层运营体系与我国现有货币发行体系较为贴合，因此对现有货币体系的冲击最小，后续进行数字货币系统更新换代的阻力也较小。

DC/EP 为什么使用双层运营体系呢？

第一，大大减少系统设计难度。中国人民银行发行数字货币是一个复杂的系统工程，我国幅员辽阔、人口众多，在设计数字货币时需要考虑各地区经济发展、资源禀赋、人口受教育水平等各种因素，如果采用单层运营体系，那央行将会面临前所未有的复杂性。

第二，有利于充分利用商业机构现有的资源、人才、技术等。商业银行拥有多年服务老百姓的经验，IT 基础设施和服务体系上均比较完备，而央行以往面对的用户都是银行机构、金融机构，把专业的事交给专业的人做才能降本增效。

第三，有助于分散化解风险。DC/EP 服务千家万户，仅靠央行力量进行研发和支持如此庞大的系统，还要满足安全、高效、稳定、用户体验等各方面，并且央行还要受制于预算、资源、技术等各个方面，所以央行独自开发数字货币系统风险将非常大。

第四，避免金融脱媒。金融脱媒的意思是在交易时跳过所有中间人直接在供需双方之间进行交易的行为或现象，如果央行直接投放数字货币，势必会成为商业银行强有力的竞争对手，由央行背书的 DC/EP 的信用等级一定高于商业银行的存款货币，老百姓将会把商业银行的存款转移到央行，这种情况下商业银行的融资成本就会进一步升高，现有金融体系的运行将受到重创。

所以，双层运营体系可以充分调用市场的积极性，用市场机制实现资源配置，调动商业银行和商业机构的积极性。

**2．不预设技术路线**

央行在 DC/EP 的研发工作上不预设技术路线，可以在市场上公平竞争，优中选优，既可以考虑区块链技术，也可采取在现有的电子支付基础上演变出来的新技术，充分调动市场的积极性和创造性，但由于 DC/EP 的目标应用场景是高并发的零售业务领域（每秒交易笔数至少要达到 30 万笔/秒），而当前的区块链技术在性能上无法满足这一目标，因而 DC/EP 在央行这层并未采用区块链技术。

对于区块链技术中常见的可以自动执行协议的智能合约功能是可以考虑用于 DC/EP 中的，但对超出货币职能的智能合约应持审慎态度。为保持无限法偿性的法律地位，DC/EP 不应承担除货币应有的四个职能（价值尺度、流通手段、支付手段和价值贮藏）之外的其他任何社会与行政职能。加载除法定货币本身功能外的智能合约，将影响 DC/EP 的法偿功能，甚至使其退化为有价票证，降低我国央行数字货币的可自由使用程度，也将对人民币国际化产生不利影响。

**3．账户与匿名性**

DC/EP 采用中心化的运营模式，与传统电子支付工具有所不同。电子支付工具的资金转移必须通过账户完成，采用的是账户紧耦合方式。在 DC/EP 采用的松耦合账户体系下，可要求运营机构每日将交易数据异步传输至央行，使交易环节对账户的依赖程度大为降低，既便于央行掌握必要的数据以确保审慎管理和反洗钱等监管目标得以实现，也能减轻商业机构的系统负担。

在匿名性上，央行数字货币必须实现可控匿名，只对央行这一第三方披露交易数据。原因是，如果没有实现对交易第三方（除央行之外）匿名，会泄露个人信息和隐私；但如果允许实现完全的第三方匿名，则会助长如逃税、洗钱和恐怖融资等犯罪行为。

**4．DC/EP 的使用限制**

由于 DC/EP 相较于银行存款的安全性更高，可能会导致商业银行的"存款搬家"，而这会影响金融体系的稳定性，为此，央行会对 DC/EP 施加限制，增加银行存款兑换 DC/EP 的成本。另外，为了引导持有人将 DC/EP 用于零售业务场景，央行也可能采取相应措施。

这些措施可能包括：

1）时间、金额限制。央行可能根据 DC/EP 账户的不同级别设定交易限额和余额限制，也可能设置每日及每年累计交易限额，并规定大额预约兑换。

2）交易费用限制。必要时，央行可能对 DC/EP 的兑换实现分级收费，对于小额、低频的兑换可不收费，对于大额、高频兑换和交易收取较高费用。

### 5.3.5　DC/EP 的流通机制

#### 1. DC/EP 的发行流程

DC/EP 的发行采用的是双层运营体系，由人民银行先把数字货币兑换给银行或其他运营机构，再由这些机构兑换给公众。为保证数字货币不超发，商业银行需要向央行全额缴纳 100% 的准备金，保证 DC/EP 是中央银行负债，由中央银行信用担保，具有无限法偿性。具体的发行流程为：

1）由 DC/EP 系统接收商业银行数字货币系统的数字货币发行请求；

2）由认证系统对数字货币发行请求进行业务核查，核查通过后向会计核算系统发送扣减存款准备金的请求；

3）会计核算系统进行扣减存款准备金操作，并向 DC/EP 系统进行反馈；

4）接收到会计核算系统发送的扣款成功的应答后，DC/EP 系统通过公钥加密产生数字货币，并将数字货币字符串发送到发出申请的商业银行数字货币系统。

DC/EP 的发行流程如图 5-3 所示。

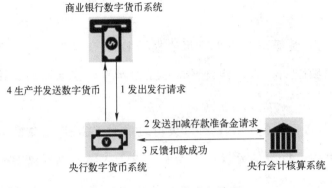

商业银行数字货币系统

4 生产并发送数字货币 | 1 发出发行请求

2 发送扣减存款准备金请求

3 反馈扣款成功

央行数字货币系统　　　　　央行会计核算系统

图 5-3　DC/EP 的发行流程

## 2．DC/EP 的支付流程

DC/EP 的支付流程需要通过用户、商业银行和中央银行三个层面完成。其基本流程为：

1）付款用户的终端设备接收付款指令，从付款方的数字钱包中提取金额等于付款金额的数字货币。

2）付款方或收款方终端将数字货币和收款方地址/标识发送给商业银行数字货币系统。

3）商业银行数字货币系统将接收到的相关信息发送给中央银行数字货币系统，由中央银行完成对数字货币属主变更的操作，并根据场景决定是否将数字货币发送给收款方。

根据操作方式的不同，DC/EP 可分为终端设备间的支付和由商业银行数字货币系统作为中介的支付，这两种方式的主要区别是 DC/EP 是否在收付款方之间进行直接转移。对终端设备间的支付，DC/EP 可通过近场通信的方式直接发送给付款方，DC/EP 系统仅完成属主信息的更改；而由商业银行数字货币系统作为中介的支付中，收付款方的终端设备无法直接产生交互，数字货币先由付款方终端生成第一请求，将数字货币与收款方标识一起发送给商业银行，再经商业银行生成变更属主信息的第二请求发送给中央银行，由中央银行完成属主信息的变更后发送给收款方。

终端设备间的数字货币支付流程如图 5-4 所示。

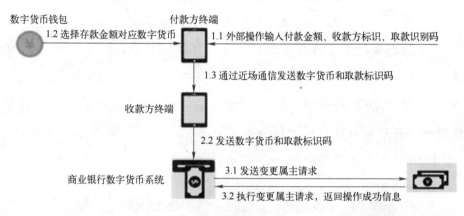

图 5-4 终端设备间的数字货币支付流程

由商业银行数字货币系统作为中介的数字货币支付流程如图 5-5 所示。

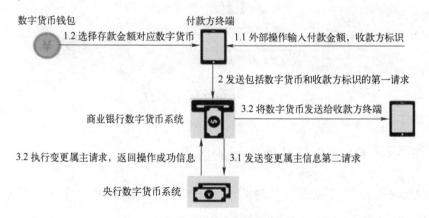

图 5-5 由商业银行数字货币系统作为中介的数字货币支付

### 3. DC/EP 的存款流程

DC/EP 的存款流程与其支付过程类似，只是最终 DC/EP 的去向变为与 DC/EP 存款账户对应的商业银行。其基本流程为：

1）受理终端设备接收外部操作输入的存款信息，并将存款信息发送至商业银行数字货币系统，存款信息包括存款账户信息、数字钱包（数字货币芯片卡）信息以及与存款金额等值的 DC/EP。

2）商业银行数字货币系统在接收到存款信息后，向 DC/EP 系统发送变更属主的请求。

3）最后 DC/EP 系统在接收到请求后，将 DC/EP 的属主变更为商业银行，并对存款账户的金额进行变更。

DC/EP 的存款流程如图 5-6 所示。

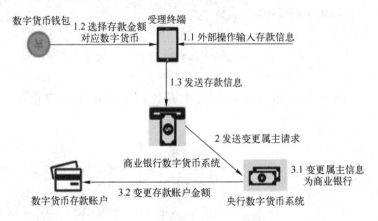

图 5-6  DC/EP 的存款流程

### 5.3.6  DC/EP 与其他货币的区别

DC/EP 由时任央行行长的周小川于 2018 年 3 月 9 日在十三届全国人大一次会议"金融改革与发展"主题记者会上首次提出。我国央行研发的法定数字货币的名字是"DC/EP"（DC，Digital Currency，数字货币；EP，Electronic Payment，电子支付），这一称呼相较于国际货币基金组织（IMF）此前提出的对所有央行数字货币的泛指——CBDC （central bank digital currency）有所差别。DC/EP 更聚焦于支付，主要用途是货币三大基础职能中的"支付手段"，而非"价值储藏"与"价值尺度"。其后，多位中国人民银行官员表示，DC/EP 定位为数字现金（M0）。这一定位是理解 DC/EP 的关键，这是 DC/EP 与其他货币的根本区别。

接下来，对 DC/EP 与实物现金、银行存款、第三方支付机构账户余额、加密数字货币与 Libra 等数字资产形态的异同进行一下比较。

**1. DC/EP 比实物现金便携**

实物现金包括纸币和硬币。DC/EP 与其相比具有如下异同之处。

1）相同之处。

● 都是央行负债。

● 都不向持有人付息。

● 都具有匿名性。

2）不同之处。

● DC/EP 可控匿名，纸钞完全匿名。

● DC/EP 没有印刷、运输、保管以及 ATM 机制造与运维的成本，而实物现金有印刷、运输、保管与 ATM 机制造与运维的成本。

● DC/EP 可能有相关 APP 与银行系统开发成本，实物现金无此成本。

● DC/EP 方便携带，实物现金相对不易携带。

● DC/EP 的持有人无须前往银行或 ATM 机，可以随时随地申请 DC/EP，而实物现金则无法做到这一点。

**2. DC/EP 比银行存款安全**

银行存款中的活期存款属于 M1，定期存款属于 M2，它们与

DC/EP 有如下异同之处。

1）相同之处是：都是货币；发行、流通均为"央行——商业银行"的双层架构，即都由商业银行向央行缴纳准备金后向用户发放。

2）不同之处。

● 风险等级不同。对持有人而言，DC/EP 是对央行的债权，无风险；银行存款是对商业银行的债权，有风险（尽管十分微小）。持有人可能更倾向于持有 DC/EP 而非银行存款，因此央行不对 DC/EP 付息，但当银行存款利率较低时，DC/EP 优势仍然十分凸显。作为应对，央行可能对银行存款向 DC/EP 的转换施加其他成本。例如，设置限额。

● 准备金率不同。对银行而言，向用户提供 DC/EP 要向央行缴纳全额准备金；向用户提供银行存款仅需向央行缴纳部分准备金。

● 持有人利息回报不同。DC/EP 不付息（必要时甚至可能实行负利率），银行存款付息。

● 匿名程度不同。DC/EP 可控匿名，银行存款完全实名。

**3. DC/EP 与第三方支付机构账户余额的异同**

DC/EP 是数字人民币，它和支付宝、微信支付等第三方支付机构账户余额有很大的区别。具体来说，DC/EP 与第三方支付机构账户余额具体有如下异同之处。

1）相同之处。

● 都是央行负债。

● 流通机构需向央行缴纳的准备金率都是 100%。

● 都是数字 M0，第三方支付机构账户余额为支付机构交存银行的客户备付金存款，其为央行负债，而非第三方支付机构负债，在央行资产负债表中"负债"项下列示为"非金融机构存款"。

2）不同之处。

● DC/EP 替代 M0，由商业银行或其他机构分发，其功能和属性与纸币相似，只不过形态是数字化的；而支付宝、微信支付等第三方支付，走的是商业银行存款货币结算，属于 M1 和 M2 级别的数字化，不具有 M0 级别法律效力，更不可能取代 M0。

● 尽管第三方支付机构备付金与实物现金一样皆为央行负债，但是由于主权信用货币由国家强制力保证实施，因而当前部分商户可以不接受支付宝、微信支付等电子支付方式，但是必须都接受现金，同样无法拒绝接受 DC/EP，这将是 DC/EP 与第三方支付机构账户余额的重要不同。

● DC/EP 具有法偿性和匿名性，且可以追踪，而第三方支付皆不具备这方面的功能。同时 DC/EP 并不是银行卡里的一串数字，它像纸币一样，有面额、有数量、能分开。关键是 DC/EP 不需要绑定任何银行账户，在这点上明显优于第三方支付工具，比如支付宝。支付宝为代表的第三方支付工具只是一个支付平台，依赖于银行结算。

● DC/EP 的优势是可实现双离线支付，只要设备有电就可以支付。DC/EP 的数字钱包与终端设备绑定后，能完成取现、支付和存储数字货币等基本操作；但是支付宝等第三方支付工具需要电和网络，即便已有的离线功能也只是单离线，在商家与用户的支付中，商家必须在线才能完成支付。在遭遇重大突发事件时（如洪水、地震、战争、疫情等），没有网络或者不方便使用现金的情况，仍然可以利用 DC/EP 来支付。具体场景中，只要手机上有 DC/EP 的数字钱包，不需要网络，只要两个手机碰一碰，就能实现转账功能。

**4．DC/EP 与比特币、以太坊等加密数字货币的异同**

DC/EP 与比特币、以太坊等加密数字货币的最大区别是，DC/EP

是由央行中心化运营的，只有交易双方和央行能看到交易的具体信息，而比特币、以太坊等加密数字货币是去中心化的，交易信息全网公开可查，且比特币等加密数字货币的生成完全由程序控制，生成机制固定，更类似于原生资产（如煤、石油、黄金）。

具体来说，DC/EP 与比特币、以太坊等加密货币有以下异同。

1）相同之处。

● 都是数字资产。

● 都不向持有人付息。

2）不同之处。

● DC/EP 的债务人是中国人民银行，而比特币等加密数字货币没有债务人。

● DC/EP 的运营体系为央行主导的"央行–商业银行/其他机构"双层，而比特币、以太坊等加密数字货币不存在双层运营体系，采用去中心化治理。

● DC/EP 可控匿名，而比特币、以太坊等加密数字货币完全不掌握持有人的真实身份。

### 5. DC/EP 与 Libra 的异同

Libra 由拥有着 27 亿用户的 Facebook 发起，其合作方也覆盖了庞大的潜在用户群体，这使得 Libra 的颠覆和冲击可能远超其他数字货币，会对全球金融体系造成巨大影响。Libra 的白皮书一经发布，即引起各国央行与金融监管者的担忧。

我国央行多位官员表达出对 Libra 的关注及其或将对国家货币主权产生影响的担忧，并有官员指出 DC/EP 与 Libra 的双层运营体系有相似之处。

根据 Libra 白皮书，Libra 是建立在开源的 Libra 区块链基础上的加密数字货币。与大多数加密数字货币不同，Libra 完全由真实资产储备提供支持。Libra 由用户通过法币向经销商 1：1 兑换而得（Libra 底层资产中的一篮子货币为 5 种法币，其中，美元占 50%，欧元占 18%，日元占 14%，英镑占 11%，新加坡元占 7%）。Libra 协会以此建立人们对 Libra 内在价值的信任，确保其币值不会剧烈波动。相比之下，DC/EP 是数字人民币，是央行负债，而中国人民银行资产项中，59% 是外汇（以美元资产为主），29% 是对中国存款性公司（主要是商业银行）的债权（2019 年 8 月数据）。

DC/EP 与 Libra 有以下异同。

1）相同之处。

- 都是数字资产。
- 分发机构向发行方的准备金率均为 100%。
- 都不向持有人付息。
- 都可控匿名（能满足监管要求）。

2）不同之处。

- DC/EP 的债务人是中国人民银行，无风险；而 Libra 的债务人是 Libra 协会，对持有人而言，其面临 Libra 协会及其分发机构的双重信用风险。具体来说，对持有人而言，存在着其经销商未能向 Libra 足额缴纳准备金以及 Libra 协会自身的信用风险。
- DC/EP 的运营体系为"央行——商业银行/其他机构"，而 Libra 的运营结构为"Libra 协会——Libra 的分发机构"，Libra 协会充当了事实上的央行角色。

**6. DC/EP 与其他央行数字货币的异同**

目前全球已上线的较为知名的法定数字货币是厄瓜多尔币，另一个较为知名的法定数字货币是委内瑞拉推出的石油币，其于 2018 年 10

月 1 日作为国际贸易货币和可兑换外汇支付手段正式投入使用。

DC/EP 与其他央行数字货币有如下异同。

1）相同之处：都是政府发行的数字货币。

2）不同之处。

● 运行阶段不同。DC/EP 尚未上线。厄瓜多尔币已经停止运行，而委内瑞拉石油币已经用于委内瑞拉的国际贸易。

● 技术基础不同。DC/EP 仅在考虑部分使用区块链技术，石油币的底层技术即为区块链技术。

### 5.3.7 DC/EP 产生的深远影响

DC/EP 在法定地位和功能上与现金相同，二者区别只在于 DC/EP 的形态是数字化的。虽然不会有物理形式的实体，但 DC/EP 会像现金一样充分地接触到国家的每个居民和组织，并且会使得任意金额的点对点支付变得更加容易。DC/EP 的发行毫无疑问影响重大，那么它会产生哪些影响呢？

**1．对普通民众的影响**

DC/EP 只是现金的替代品，所以 DC/EP 的发行将会进一步便捷普通民众，一方面 DC/EP 可以满足使用现金的匿名需求，另一方面可以满足便捷支付的需求。

说到匿名交易，那 DC/EP 会不会助长违法犯罪呢？答案是不会，DC/EP 反而更方便识别罪犯。很多违法犯罪的交易是有章可循的，比如赌博行为一般发生在夜间 12 点之后，交易金额没有零头，一般来说开头是小额交易，越往后金额越大，最后突然断崖式结束；又比如电信诈骗，如果大量分散的资金集中到一个账户中，又迅速分散到多个账户里面，那就符合电信诈骗的特征。央行可以通过 DC/EP 的交易数据分析出这些交易特征，再利用大数据和数据挖掘技术进行身份比对，就可以挖出这些非法交易背后的罪犯。所以 DC/EP 的匿名特性是可控匿名、有限匿名，在满足普通民众匿名支付需求和打击违法犯罪中保持一个平衡。

对个人用户来说，DC/EP 会随着用户的日常转账、汇款和商业交易在社会中流转和快速普及。根据农行的 DC/EP 内测版来看，DC/EP 的前端使用体验和微信、支付宝等第三方支付模式并无差别，都可以通过扫码、NFC 等方式来支付，非常便捷。

**2．DC/EP 对货币政策的影响**

DC/EP 的发行会改变货币结构，导致基础货币数量减少和存款准备金增加。DC/EP 的发行，将会代替流通中的现金，导致基础货币 M0 中的现金减少，如果 DC/EP 完全替代现金流通，那么流通中的现金将会消失，届时基础货币数量将会下降，居民将更多资金存储在商业银行，那么将会增加商业银行法定存款准备金数量，也会计提更多超额存款准备金。因此，DC/EP 将导致基础货币数量减少和存款准备金增加。

基于此，DC/EP 对货币政策将主要产生如下两方面的影响。

1）对常规利率政策的影响。DC/EP 将会提高央行公开市场操作的精准度。目前我国央行主要操作对象是以商业银行为主的银行间金融机构，通过调整公开市场操作利率 OMO 或者 MLF，引导商业银行 LPR 报价发生变化，因此 DC/EP 的发行将会使得央行利率决策机制更加精准，通过降准等数量型货币政策工具将会进一步让渡给价格型货币政策工具，公开市场操作利率调控将会常态化，在货币政策中的作用将会更加凸显。

2）对非常规货币政策的影响。DC/EP 的发行为负利率政策的实施创造了条件，也使量化宽松政策更加精准。DC/EP 发行后，居民的资金大多以账户形式存在，无法通过持有现金的方式规避负利率的影响，从而不会影响货币的信用创造过程，DC/EP使央行不再陷入"流动性陷阱"，在一定程度上为负利率政策的实施创造了条件。同时，央行对DC/EP金融账户有较强的把控，央行有能力通过对账户分析，对特定行业、企业和特定区域个人实施差别化利率政策和结构性宽松政策，使得央行量化宽松政策更加精准，DC/EP也为央行其他非常规货币政策工具的创新打开窗口。

**3.DC/EP对金融监管的影响**

DC/EP有助于打击诈骗、腐败、洗钱、偷税漏税、恐怖组织融资等违法犯罪行为。由于DC/EP依托区块链技术，具有安全性高、有限匿名、可追溯的特性，DC/EP的来源、去向、支付原因、支付金额及频率，甚至DC/EP本身均可以分析，一旦发现异常交易，将可以追溯。

DC/EP将会提高监管的透明度。传统货币体系下，存在货币传导效率不高，资金流向不可控等问题，增加了宏观调控的难度。但是DC/EP体系中，货币流动性可被记录，有助于实现垂直化支付。应用DC/EP，有利于监控商业银行资金投资方向，可以确保财政资金专款专用；应用DC/EP之后，也会提高中央拨款的使用效率，养老金和社保实现全国一体化管理，企业补贴和低息贷款也能流向更多中小微企业，从而提高监管透明度，提升资金使用效率。

**4.DC/EP对商业银行的影响**

1）负利率的DC/EP推动商业银行净息差的提升。商业银行的收入方面，如果DC/EP计息为负，将打通负利率政策由货币市场到借贷市场的传递，从而改善商业银行净息差水平。在DC/EP基本完成对实物现金替代后，大额实物现金持有受到限制的场景下，客户无法将负利率银行存款转换为零利率纸币，只能继续持有，并向商业银行支付费用。因此商业银行资产端准备金的负利率损失得以从负债端客户存款处弥补，从而改善商业银行净息差水平。

2）拓展商业银行业务，促进银行业发展。在 DC/EP 中心化的管理模式下，商业银行可新增表外业务，包括代理的发行、数字钱包托管等业务。DC/EP 一旦被获准应用，则会带来很多流量。在更多的使用流量下，银行可将支付终端作为流量的入口，有利于银行推广更多的增值服务，带动银行的现有服务。类比支付宝的发展路径，将支付作为基石，围绕支付提供花呗、借呗等金融服务，同时还具备余额宝、基金销售等理财功能。

3）商业银行可借助 DC/EP 进行信息化系统改造。短期来看，保障 DC/EP 的生成、发行、投放、存储和安全所需的金融基础设施，包括生成系统、发行系统、央行对接接口、记账系统、数字钱包、安全芯片解决方案、身份认证系统、加密传输系统、大数据分析系统等。其主要建设方包括央行、各商业银行，银行 IT 服务商、安全厂商、大数据技术服务提供商等。在 DC/EP 发行预期下，银行 IT 系统改造、联盟链建设、认证系统的改造、支付清算环节的改造将会提上日程。

## 5.4　其他主要的央行数字货币

### 5.4.1　美联储的 Fedcoin 项目

Fedcoin 是美联储研发的央行数字货币，可与美元进行等价兑换（即汇率是 1∶1）。Fedcoin 与比特币有诸多相似之处，区别主要体现在两方面：一是在 Fedcoin 中，有一个用户（美联储）拥有特殊权限，能够随意创建和撤销账簿使用权；二是发行数量不像比特币那样有一个事先定好的规则，而是可以像现金一样调整发行量。

### 5.4.2　加拿大央行的 CADcoin 项目

加拿大央行搭建了一个基于区块链技术的大额支付系统，CADcoin 是在这个系统中使用的货币，也可称之为电子版的加元。CADcoin 的初衷是帮助加拿大央行通过区块链技术发行、转移或处理央行资产。多家加拿大主要的银行，包括加拿大皇家银行、TD 银行及加拿大帝国商业银行均参与了该项目。

### 5.4.3　瑞典央行的 eKrona 项目

欧元体系尚未决定是否引入数字欧元。但是，与世界上许多国家一样，部分欧元区国家正在探索本国的央行数字货币。

目前，瑞典正在逐渐转型为"无现金社会"。数据显示，自 2009 年以来，瑞典纸币及硬币的数量已经下降了 40%，居民更倾向使用银行卡、智能手机和电子钱包来处理日常的各种交易。随着现金使用量持续减少，瑞典央行尝试为民众提供一种不通过商业银行等中介的支付方式，即 eKrona 项目。

瑞典央行要求，eKrona 必须能够用于小额支付。目前 eKrona 尚未确定使用哪种技术路线。eKrona 有两种可能的形式，一种是存款货币单位（即个人直接在央行开户，而非在商业银行开户），另一种是零售型央行数字货币。

除了以上介绍的几个在推进央行数字货币的国家之外，当今世界正式发行央行数字货币的国家有厄瓜多尔、委内瑞拉、突尼斯、塞尔维亚与马绍尔群岛。其中，厄瓜多尔和马绍尔群岛发行各自的央行数字货币的是为了实现去美元化；委内瑞拉、突尼斯与塞尔维亚则是想要改变国内经济困难的现状。

具体来说，当前正在加紧央行数字货币布局的国家主要以美洲、欧洲和亚洲国家居多。但是，由于技术条件与基础设施的限制，目前各国央行数字货多停留在试点阶段，未能大范围落地。

通过对比分析各国央行数字货币的发行进程，不难看出，我国对于央行数字货币的研究无疑是走在世界前列的。

目前，全球范围内数字货币出现加速发展趋势，已逐渐形成了由美国企业 Facebook 主导的 Libra，由中国人民银行牵头的 DC/EP，由瑞典、法国等欧洲各国央行推动的欧元区数字货币等三足鼎立的格局。

而在未来，由中国人民银行主导的 DC/EP 项目还将进一步助推人民币国际化。

# 第 6 章
## 全球数字货币体系
## 的发展趋势

随着数字经济的快速发展，各主要国家纷纷推出本国央行数字货币，尝试重构当前去中心化的数字货币体系。与此同时，全球数字货币体系也在发生着剧烈的变革。

# 6.1　Libra 或将成为美国收割全球财富的强大推手

布雷顿森林体系瓦解后，美元的国际货币主导地位随着全球经贸格局的变化遭受了两次主要挑战：日元的国际化趋势与欧元的出现。如果说日元的国际化是在美国推动下，用来平衡两国经贸关系的政策措施，那么欧元区的创设曾让各国对出现一个更加平衡的国际货币体系充满期待。然而，遗憾的是，即使欧元区占国际贸易的比例（14%）超过了美国占国际贸易的比例（11%），美元作为唯一的全球货币这一事实却并未发生改变。

虽然美国经济和贸易在全球的份额不断降低，但美元的主导地位仍然不可动摇。美元具有"主权货币"和"超主权货币"两重性，在可预见的将来，没有任何一种其他主权货币可以做到这一点。

2008 年金融危机后，以美元为主导的国际货币体系显示出了其内在的不稳定性和国际货币供给机制的缺陷——美国只提供紧急流动性给其亲密盟友。数字货币的出现与发展为各国摆脱这一国际货币体系的缺陷带来希望。

随着多国央行 CBDC 的试点，作为 CBDC 最大的竞争者，没有国家信用支撑的 Libra 也将在 2020 年正式落地。

Libra 的目标是建立一个全新的、与传统货币政策相抗衡的全球金融体系，成为超主权的数字货币。这一目标使得 Libra 一出现便掀起滔天大浪，各国央行纷纷表示质疑和担忧。

不过，美国对于 Facebook 推出的 Libra 的态度模棱两可，一方面是担忧 Libra 的诞生会取代或者削弱美元的国际中心货币地位；另一方面又担心限制 Libra 的研发会让其他国家央行加速研发本国央行数字货币，从而进一步冲击美元地位。

于是，在这种极度矛盾之中，美国先后召开三轮关于 Libra 的听证会，但至今还未出一个明确结果，随后 Libra 也偃旗息鼓一段时间。

可就在中国央行 DC/EP 稳步推进之际，Facebook 调整过后的 2.0 版本的 Libra 白皮书也出炉了，对比之下，Libra 项目已经从只建立一个单一的超主权货币体系，改为了锚定多种主流主权货币的混合型体系，新增锚定美元、欧元、英镑、新加坡元等四种单一法币的稳定币。若是 Libra 完全与美元挂钩，将会更加强化美元的世界中心货币定位。

Facebook 具备覆盖全球的 27 亿用户，Libra 可以跨国自由兑换，与美元挂钩的 Libra 对持有弱势货币的中小国家来说无疑是一场灾难，这些国家的本国货币供给可能完全失控。

要知道，各国央行紧锣密鼓研发本国央行数字货币的目的之一，就是企图夺走美元在国际贸易和金融交易中的主导地位。但是 Facebook 这次对 Libra 的调整不仅仅是对美国的妥协，更是对其要协助美元霸权在数字货币世界延续这一野心的公开宣告。

因此，某种程度上讲，Libra 可以算是美联储和美元在国际金融体系当中所布下的又一个棋子，Libra 未来会是美元收割全球财富的强大推手。这恰恰违背了各国央行企图挣脱美元霸权束缚，制衡美元主导地位的决心，而这一点正是全球数字货币竞争的核心所在。

## 6.2 DC/EP 将会加速人民币的国际化进程

追根溯源，人民币从 1948 年诞生至今，根据升级版本可以划分为三个阶段：人民币 1.0 版本指的是人民币以纸币及硬币作为主要形态发行和流通；人民币 2.0 版的标志是人民币走向电子化，即在银行等金融体系内的现金和存款早已通过电子化系统实现数字化；而人民币 3.0 版本则是指人民币数字化，即是推出与现金人民币等同的央行数字货币 DC/EP。

在如今全球经济数字化变革之中，与其他国家央行相继推出的数字货币比较，DC/EP 除了具备基本支付便捷安全，储存成本较低，资金流向可追踪可监管等优势外，还具备以下两大优势。

**1．我国数字化程度全球领先，DC/EP 具有先发优势**

虽说不少国家央行都在积极研发和筹备 CBDC 准备入场，但相比较而言，我国的数字经济和金融科技基础最好，对央行数字货币的研究积累最深，具有比较明显的先发优势。

基于我国良好的移动通信网络基础设施，早在 2017 年我国移动支付交易规模已超 81 万亿元，位居全球之首。另外截至 2019 年 6 月，我国手机网民规模达 8.47 亿，网民使用手机上网比例为 99.1%，用户月均使用移动流量达 7.2GB，为全球平均水平的 1.2 倍。就算在没有网络的偏远山区，支持双离线支付功能的 DC/EP，只要手机有电，仍然能够完成支付。

更重要的是，我国央行已经为研发已久的 DC/EP 发行做了充分准备工作。截至 2020 年 2 月 20 日，在数字货币方面，央行数字货币研究所申请了 65 个专利，央行印制科学技术研究所申请了 22 个专利。至此，央行有关数字货币发行、流通和回收全流程的专利都已申请完毕。央行数字货币研究所表示，DC/EP 基本完成顶层设计、标准制定、功能研发、联调测试等工作，这也意味着不久之后 DC/EP 即将面世。

**2．人民币国际地位大幅攀升，DC/EP 基础牢固**

进入 2020 年 3 月之后，美联储连续推出零利率、无限量 QE、2.3

万亿美元信贷计划等超常规货币政策，对全球各国开展"剪羊毛"行动，这使得原本以美元为中心的国际货币体系根基逐渐松动。

随着我国提出要逐步形成以国内大循环为主体、国内国际双循环相互促进的新发展格局。凭借强大的内需潜力，中国的经济增速将继续领先全球。根据 IMF（国际货币基金组织）最新预测，2021 年中国的经济增长率将高达 9.2%，领跑全球。

在此背景下，潜力货币人民币会成为各国央行竞相争抢的"香饽饽"。2020 年 1 月，俄罗斯央行从美元储备中提取资金重新分配，将人民币份额从 1% 提高到 14.7%；继德法相继将人民币纳入储备货币后，日本央行除了与中国央行签订本币互换协议之外，还创下以 1510 亿日元购买人民币债券的最高纪录。

目前，人民币在国际货币体系中的地位正不断攀升，仅次于美元、欧元、日元，成为世界第四大货币。随着美国国力的衰退，美元也将跌落神坛，而与之对应的是我国经济发展强劲并有望持续领跑全球，这为当前人民币国际化迎来了最好机遇。

正在推进中的 DC/EP 将成为人民币加速国际化的一把利器。基于经济前景的考量，如果之后 DC/EP 可以顺利开展跨境支付，数字化的人民币将对现有的全球货币体系产生巨大影响。

## 6.3  多国央行数字货币研发提速

近些年来，很多国家的电子商务、新零售等数字经济业态都实现了较快的发展，在数字经济发展的驱动下，各国央行数字货币的研究和开发进程显著加快。

预计全球各主要央行数字货币有望在未来五年内陆续推出，这将全面重塑全球金融业态，真正意义上实现"资金流和信息流的融合"，为全球贸易提供更安全、可靠、智能化的新支付体系，进而带动产业向着"新智能商业"模式加速转型。

对于全球央行数字货币发展的趋势和前景，经过国际清算银行对全球央行进行的调研发现，多数新兴市场经济体的央行对央行数字货币发展有积极态度，而发达国家央行的态度相对谨慎。在被调研的 66 家央行中，10% 的央行表示将在未来三年内发行央行数字货币，影响人口数将达到 16 亿，约占世界人口的 20%。

此外，发达国家的布局也调整了思路，可能加速央行数字货币落地的进程。美国发行数字美元的相关研究仍在继续，数字美元基金会已宣布成立了一个咨询小组以帮助建立美国央行数字货币的框架。国际清算银行 BIS 发布了关于央行数字货币的若干篇调研报告，并联袂 6 家央行成立央行数字货币研发小组，将研发计划提上日程。国际货币基金组织官员也表示，其 2020 的首要任务中就包括了数字货币。欧洲央行设立央行数字货币专门委员会后，对央行数字货币的各项工作也明显加速。

不过，业界认为央行数字货币在全球范围内广泛落地仍存在一些难题，需要在实践中逐步解决。首先，在一些特殊情况下，可能会出现存款的大量转出到数字钱包的新型"挤兑"风险，进而对银行的信贷规模、货币创造能力、商业模式和稳定性产生一定影响；其次，央行数字货币的落地是一套系统性的工程，需要相关机构在整个支付链条中的各个环节中实现技术匹配，基础设施改造成本较大。

## 6.4　公私合作成为普遍趋势

自数字货币诞生十余年来，其底层技术不断更新完善，数字货币所依靠的底层技术凭借分布式记账、不可篡改、可追溯性等优势，正逐渐被应用至多元化的场景，各大金融机构也纷纷探索技术的融合方法，为提升金融效率，拓展商业机会寻求捷径。央行数字货币的研发即为一例，多国央行正在致力于研究基于区块链技术的数字货币。

央行数字货币的通用用途使其具备了很强的内在吸引力。使其可以在促进支付现代化的同时实现高效性和金融普惠。促进零售支付系统的透明化，并进一步减少黑市交易。同时，央行也能够从货币政策的便利化和收入的增加中受益。

就研发形式而言，近期各国在央行数字货币的研发上，公私合作模式较为普遍，即银行业金融机构与私营部门合作的模式。如英国央行正在研究其"平台模式"，在该模式中，央行是唯一被允许创建或销毁代币的实体，由"支付接口提供商"（PIPs）与终端用户进行互动。PIPs需履行"了解您的客户（KYC）"检查的责任，同时被赋予了在核心支付之外提供额外服务的自由度，以建立客户关系，实现差异化。

更进一步，国际货币基金组织（IMF）的研究人员最近提出了合成央行数字货币（sCBDC）模式，即由商业银行等非央行实体发行由央行储备支持的稳定币。该模式中，中央银行创建代币或向公众提供账户，同时将合成央行数字货币的发行分几个步骤外包给私营部门：包括技术选择、客户管理、客户筛选和监视。这意味着中央银行仅负责信托账户之间的结算以及包括合成央行数字货币发行在内的监督工作。

这种公私合作伙伴关系中，私营部门专注于技术创新、界面设计和客户管理，公共部门则专注于建立信任，二者相得益彰。

无论适用于何种模式，区块链在实现支付资产的代币化、点对点交易和分布式托管方面都至关重要。基于区块链的支付方式能够实现更快捷、更便宜的跨境支付，同时可以将央行数字货币与其他代币的使用联系起来，例如使用区块链将交易和交易后服务紧密结合。目前，瑞士国家银行（Swiss National Bank）正在与 SIX 数字交易所（SIX Digital Exchange）合作，探索市场参与者如何使用中央银行的货币在交易所上进行代币化资产结算。

未来，随着区块链技术发展逐渐成熟，一个全新的货币体系结构将形成，这一创新不亚于信用卡的发明，普通大众、企业和金融行业之间的连接将通过央行数字货币体系得到强化。

央行数字货币的发行将促进中央银行、商业银行以及非银行金融机构之间的职责划分及分工合作，促进公司财务部门的功能优化，并对支付网络的创新与完善发挥积极的作用。

# 参 考 文 献

[1] 徐明星，刘勇，段新星，等．区块链重塑经济与世界[M]．北京：中信出版社，2016.

[2] 唐塔·普斯科特，亚力克斯·塔普斯科特．区块链革命：比特币底层技术如何改变货币、商业和世界[M]．凯尔，孙铭，周沁园，译．北京：中信出版社，2016.

[3] 井底望天，武源文，史伯平，等．区块链世界[M]．北京：中信出版社，2016.

[4] 徐明星，田颖，李霁月．图说区块链：神一样的金融科技与未来社会[M]．北京：中信出版社，2017.

[5] 唐文剑，吕雯．区块链将如何重新定义世界[M]．北京：机械工业出版社，2016.

[6] 谭磊．区块链 2.0[M]．北京：电子工业出版社，2016.

[7] 赵增奎，宋俊典，庞引明，等．区块链：重塑新金融[M]．北京：清华大学出版社，2017.

[8] 黄步添，蔡亮．区块链解密：构建基于信用的下一代互联网[M]．北京：清华大学出版社，2016.

[9] 长铗，韩锋，等．区块链：从数字货币到信用社会[M]．北京：中信出版社，2016.

[10] 阿尔文德·纳拉亚南，约什·贝努，爱德华·费尔顿，等．区块链：技

术驱动金融[M]. 林华，王勇，帅初，等译. 北京：中信出版社，2016.

[11] 林晓轩. 区块链技术在金融业的应用[J]. 中国金融，2016（08）：17-18.

[12] 中国人民银行宜宾市中心支行课题组，黎明，梁尤伟. 数字货币发展应用及货币体系变革探讨：基于区块链技术[J]. 西南金融，2016（05）：69-72.

[13] 程华，杨云志. 区块链发展趋势与商业银行应对策略研究[J]. 金融监管研究，2016（06）：73-91.

[14] 胡乃静，周欢，董如振. 区块链技术颠覆金融未来及在上海金融中心的发展建议[J]. 上海金融学院学报，2016（03）：31-41.

[15] 陈东海. 我国虚拟货币管理存在的问题及对策建议[J]. 浙江金融，2007（09）.

[16] 施婉蓉，王文涛，孟慧燕. 数字货币发展概况、影响及前景展望[J]. 金融纵横，2016（07）.

[17] 贺曲夫，徐习景，彭容. 超主权货币取向的国际货币体系改革背景下比特币发展展望[J]. 经济师，2017（04）.

[18] 邓伟. 比特币价格泡沫：证据、原因与启示[J]. 上海财经大学学报，2017（02）.

[19] 陈道富，王刚. 比特币的发展现状、风险特征和监管建议[J]. 学习与探索，2014（04）.

[20] 李秀辉. 货币形态转变的机制与趋势：从交子与比特币的比较说起[J]. 社会科学战线，2016（12）.

[21] 时珺. 虚拟货币 P2P 借贷抵押机制研究：以比特币为例[J]. 中国商论，2017（05）.

[22] 张相玉. 基于消费者权益保护视角的数字货币发展中的问题与建议[J]. 浙江金融，2016（12）.

[23] 百度文库. 摩根士丹利：区块链使用案例分析报告[EB/OL]. [2017-9-6]. https：//wenku.baidu.com/view/8437482e53ea551810a6f524ccbff121dd36c518.html.

[24] 百度文库. 高盛：区块链从理论走向实践[EB/OL]. [2018-8-18]. https：//wenku.baidu.com/view/8437482e53ea551810a6f524ccbff121dd36c518.html.